강제동원&평화총서 – 감感 · 동動 5

일제
강제동원
Q&A ①

강제동원&평화총서 − 감感 · 동動 5
일제
강제동원
Q&A ①

초판 1쇄 발행 2015년 7월 30일

저   자 | 허광무 · 오일환 · 이상의 · 정혜경 · 조 건
발행인 | 윤관백
발행처 | 도서출판 선인

편   집 | 박애리
표   지 | 박애리
영   업 | 이주하

등   록 | 제5−77호(1998.11.4)
주   소 | 서울시 마포구 마포동 324−1 곳마루 B/D 1층
전   화 | 02)718−6252/6257   팩 스 | 02)718−6253
E−mail | sunin72@chol.com

정   가 15,000원
ISBN 978−89−5933−911−2 04900
ISBN 978−89−5933−636−4 (세트)

강제동원&평화총서 – 감感·동動 5

일제
강제동원
Q&A ①

허광무·오일환
이상의·정혜경·조 건 저

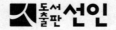

[감感동動 5 - 일제 강제동원 Q&A①]은

　아시아태평양전쟁시기 일제에 의해 자행된 조선인 강제동원의 기본적인 개념들을 일반 독자에게 알기쉽게 소개하고자 준비한 것이다. 이와 같은 시도는 한일 양국을 통틀어 처음인 것으로 생각한다.

　본문에서 설명되는 개념 중 많은 부분은 [일제강제동원&평화연구회]가 사이버 발간하는 [P's Letter]에서 소개된 것들이다.

　이와는 별개로 새롭게 추가된 문항은 해당 분야 연구자가 현장 조사를 하면서 또는 매스컴 취재 등에 응하면서 강제동원 문제를 이해하는데 필요하다고 생각된 것 중 일부를 소개한 것이다.

　앞으로도 본서에서 다루지 못했던 다른 문제들이 해당분야 전문가들의 참가와 함께 추가될 예정이며, 그런 의미에서 본서는 연속 시리즈의 시작이라고 할 수 있다.

　평소 강제동원의 보도를 접하면서 궁금했거나 또는 이해가 충분하지 못했던 부분들이, 이번 기획을 통해 해소되는 계기가 되길 필진 일동은 간절히 소망하며, 독자들의 많은 관심과 호응이 있길 기대해 본다.

강제동원 Q&A

  광의의 강제동원은 일본의 전시체제기[戰時體制期[1938~1945년 8월]에 법적 근거[국가총동원법 등]에 따라 국가권력이 수행한 인력·물자·자금동원을 의미하고, 협의의 강제동원은 인력동원을 의미합니다.

  협의의 강제동원인 인력동원으로 한정해 설명하면, 동원된 지역은 한반도는 물론, 일본·남사할린[당시 지명 가라후토[樺太]·중국 관내·만주[滿洲]·태평양·동남아시아·타이완[臺灣] 등 일본이 식민지로 지배했거나 점령했던 모든 지역이 해당됩니다.

  이들 지역은 모두 당시 제국 일본의 영역에 포함되어 전쟁 기간 중 인력과 물자가 오고 가고, 자금이 통제된 곳입니다. 조선인도 예외 없이 검은 색으로 표시된 모든 지역에 동원되었습니다.

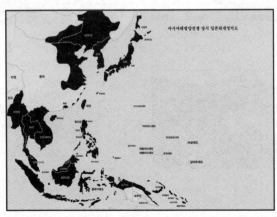

그림 1 국무총리 소속 일제강점하 강제동원피해진상규명위원회, 『명부해제집1』, 2008

한국 현행법[대일항쟁기 강제동원피해조사 및 국외강제동원희생자 등 지원에 관한 특별법]에서 강제동원 피해는 "만주사변滿洲事變 이후 태평양전쟁에 이르는 시기에 일제에 의하여 강제동원되어 군인·군무원·노무자·위안부 등의 생활을 강요당한 자가 입은 생명·신체·재산 등의 피해"[특별법 제2조 제1항]로 규정되어 있습니다. 만주사변은 1931년 9월 18일에 일어났고, 태평양전쟁은 1941년 12월 일본의 미국 하와이 진주만 공습에서 시작되었습니다.

현재 학계에서는 강제성에 대해 "신체적인 구속이나 협박은 물론, 황민화 교육에 따른 정신적 구속·회유·설득·본인의 임의결정, 취업사기, 법적 강제"로 판단하고 있습니다.

2002년 일본변호사협회에서도 "강제란 육체적 정신적 강제를 포함한다"고 규정하였고, 1993년 일본 중의원衆議院 예산위원회에서도 "전시체제기 강제란 단지 물리적으로 강제를 가한 것 뿐 만 아니라 본인의 자유로운 의사에 반反한 모든 종류의 행위"라고 규정했습니다.

흔히들 강제동원이라고 하면, 인신적으로 구속된 육체적 강제만을 생각합니다. 손발이 묶인 상태로 끌려간다거나 노예처럼 발목에 쇠사슬을 매달고 일을 한다고 생각합니다. 그러나 수많은 사람을 물리적인 폭력만으로 동원하려면 많은 감시자와 인솔자 등 집행 인력이 있어야 하므로 많은 행정 비용이 필요합니다. 그러므로 강제적 방법보다는 당근[회유, 취업사기, 도항증을 이용한 속임수]과 채찍[배급 중지 협박 등]의 방법을 주로 사용했습니다.

〈정혜경〉

도움이 되는 글

국가총동원법

대일항쟁기 강제동원피해조사 및 국외강제동원희생자 등 지원에 관한 특별법

洪祥鎭, 「朝鮮人强制連行の槪念」, 『季刊 戰爭責任硏究』 39, 2003년 봄호

정혜경, 『징용 공출 강제연행 강제동원』, 선인출판사, 2013

중요한 낱말 | ★

강제동원, 전시체제제기, 국가총동원법, 인력동원, 만주사변, 태평양전쟁 강제성

일본정부가 공식적으로 밝힌 통계를 대상으로 한국정부[국무총리 소속 대일항쟁기 강제동원피해조사 및 국외강제동원희생자 등 지원위원회]가 정리한 통계는 다음과 같습니다.

강제동원 총수   (중복동원 인원 포함)

	노무동원		계	군무원 동원		계
한반도	도내 동원	5,782,581		일본	7,213	
	관알선	422,397	6,508,802	조선	15,112	
	국민징용	303,824		만주	3,852	63,312
국외	국민징용	222,217		중국	735	
	할당모집관알선	823,745	1,045,962	남방	36,400	
	소계		7,554,355	군인 동원		계
				육군특별지원병	16,830	
				학도지원병	3,893	
				육군징병	166,257	209,279
				해군 (지원병포함)	22,299	
총계	7,827,355					
범례	1. 총계 : 1인당 중복 동원 포함					
	2. 국내 : 6,575,862명[노무자 6,508,802/ 군무원 15,112/ 군인 51,948] 국외 : 1,251,493명[노무자 1,045,962/ 군무원 48,200/ 군인 155,331]					
	3. 군무원 총수는 피징용자 동원수를 제외한 수					
	4. 위안부 피해자 제외					
근거 자료	大藏省 管理局 編,「戰爭と朝鮮統治」,「日本人の海外活動に關する歷史的調査」통권 제10책 朝鮮篇 제9분책, 1947, 69쪽, 71쪽					
	厚生省 調査局,「朝鮮經濟統計要覽」, 1949년판					
	朝鮮總督府,「第85回 帝國議會說明資料」, (「조선근대사료연구집성」제4호 수록)					
	近藤釰一 編,「最近に於ける朝鮮の勞務事情」,「太平洋戰下の朝鮮(5)」, 友邦協會, 1964, 170쪽					
	內務省 警保局,「在日朝鮮人の槪況」「第3節 志願兵制度と徵兵制による渡來」,「특심 자료제 1집」, 1949)					
	宮田節子,「朝鮮軍槪要史」(복각판, 不二出版社, 1989)					
	朝鮮總督府,「朝鮮事情」1941~1943년 각년도판					

한국정부가 굳이 일본정부의 공식 통계를 대상으로 한국인 피해자 수를 산정한 이유는, 가해자의 통계이기 때문입니다. 가해자란 누구나 가해사실을 인정하고 싶어 하지 않고 부득이 인정해야할 상황에서는 최소한의 가해 사실만을 인정하려고 하니까요.

이 통계에는 '일본군위안부'피해자는 포함되어 있지 않습니다. 패전을 맞은 일본정부도 '위안부'강제동원과 같은 전쟁범죄는 어느 누구에게도 인정받을 수 없다는 점을 알고 있었다고 생각합니다. 그러므로 이 통계는 최소한의 동원 현황이 됩니다.

지역별 통계에서 보면, 한반도로 동원된 인원이 6,508,802명으로 가장 많음을 알 수 있습니다. 한반도에서 생산해 수송하고 공출해야 할 물품이 매우 많았음을 의미하는 증거이겠지요.

한 가지 주의할 점은 위 통계 숫자만으로 당시 조선에 거주하던 조선인의 1/3이 동원되었다고 이해하면 안 된다는 것입니다. 이 통계는 중복 인원을 포함하고 있으므로, 실제 숫자가 아닙니다. 한 사람이 2~3회 동원된 경우가 다수이기 때문입니다.

〈정혜경〉

도움이 되는 글

국무총리 소속 대일항쟁기 강제동원피해조사 및 국외강제동원희생자 등 지원위원회, 『2013 학술연구용역보고서 – 일제강제동원 동원 규모 등에 관한 용역』
정혜경, 『징용 공출 강제연행 강제동원』, 선인출판사, 2013

중요한 낱말 | ★

강제동원, 조선인, 인력동원, 한반도, 일본정부, 위안부, 군무원, 군인, 노무

　　일본당국이 법률[1938. 4 제정한 국가총동원법國家總動員法 등]에 의거해
계획적 · 정책적 · 조직적 · 집단적 · 폭력적으로 동원한 각종 산업
노무자를 지칭합니다.

　　동원된 지역은 한반도, 일본, 남사할린樺太 · 중국 관내 · 만주 ·
태평양 · 동남아시아, 타이완臺灣 등 모든 제국 일본 영역이 해당
됩니다.

　　직종별로는 군수공장, 군공사장, 토목건축, 석탄광산, 금속광
산, 항만운수작업장, 삼림벌채장, 집단 농장, 기타[염전 등] 등으로
나눌 수 있습니다.

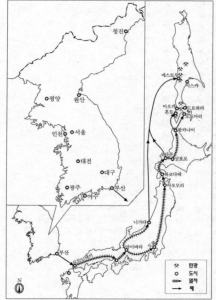

그림 2 노무동원 이동 경로
[일본과 사할린지역, 김명환 작성]

당시 자료에서는 ‘전시노무이입자’라거나 ‘공출供出’이라는 용어를 사용했습니다. 전시노무이입자戰時勞務移入者란 "전시기에 노무자로 일본에 들어온 사람"을 의미하겠지요.

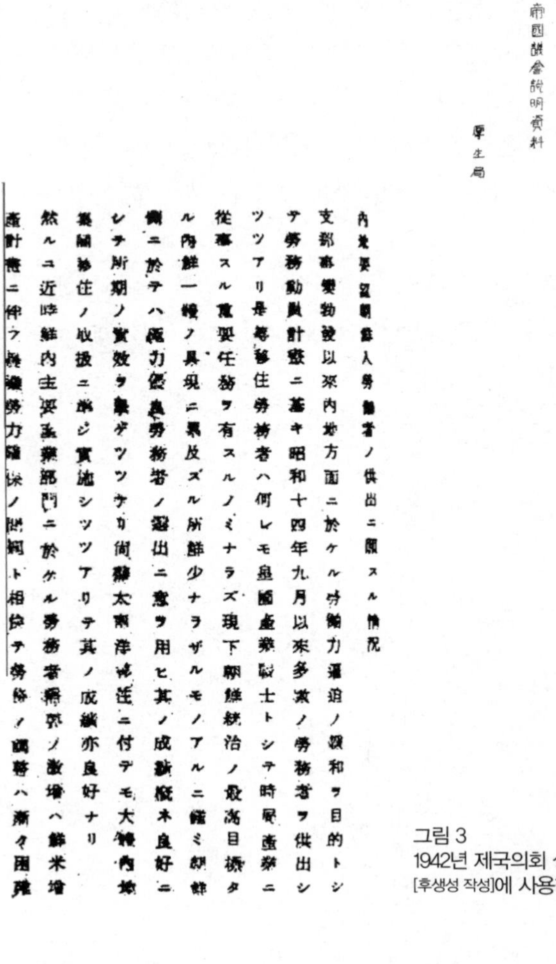

帝國議會説明資料

厚生局

内地要員朝鮮人勞働者ノ供出ニ關スル情況

支那事變勃發以來内地方面ニ於ケル勞働力逼迫ノ緩和ヲ目的トシテ勞務動員計畫ニ基キ昭和十四年九月以來多數ノ勞務者ヲ供出シツツアリ是等移住勞務者ハ何レモ産業戰士トシテ時局産業ニ從事スル意要任務ヲ有スルノミナラズ現下朝鮮統治ノ最高目標タル内鮮一體ノ具現ニ果及ズル所鮮少ナラザルモノアルニ鑑ミ朝鮮側ニ於テハ極力優遇ダンツゝナルモノノ選出ニ意ヲ用ヒ其ノ成績概ネ良好ニシテ所期ノ實效ヲ舉ゲツゝアリ尚樺太洋延ニ付デモ大體内地裏鮮移住ノ取扱ニ準ジ實施シツツアリ其ノ成績亦良好ナリ然ルニ近時鮮内主要業部門ニ於ケル勞務者需給ノ激增ハ鮮米増産計畫ニ伴フ農業勞力雖徐ノ問題ト相俟テ勞係ノ國勢ハ漸々用難

그림 3
1942년 제국의회 설명자료
[후생성 작성]에 사용한 ‘공출’

그런데 '공출'은 뭘까요.

국어사전에서 공출을 찾아보면, "국민이 국가의 수요에 따라 농업생산물이나 기물 따위를 의무적으로 정부에 내어놓음"이라고 적혀 있습니다. 한국민족문화백과사전에서도 공출은 "민족항일기와 미군정시대의 식량 부족에 대한 대책으로, 식량의 자유로운 유통을 통제하고 농민으로 하여금 할당받은 일정량의 농산물을 정부에 의무적으로 팔도록 한 제도"라고 설명했네요.

그런데 일본정부가 작성한 공문서에는 물자가 아닌 사람[조선인]을 '공출'이라고 표현하고 있습니다. 당시 일본 당국의 조선인에 대한 인식을 볼 수 있는 단면이라 생각됩니다.

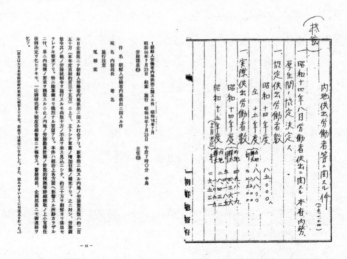

그림 4 1941년 7월 23일자 노무과가 작성한 공문서

그림 5 학무국장을 지냈던 大野綠一郎 문서 중

노무자勞務者란 노동자勞動(働)者와 다른 의미입니다. 노무자에게

는 일할 의무만 있을 뿐, 자신의 노동에 대해 행사할 권리가 없습니다. 일방적으로 관리와 부림을 당하는 수동적인 존재입니다.

일본당국의 자료에서도 노동자와 노무자를 혼용하기도 했지만, 일반적으로는 1938년 이전에 도일한 일반도일조선인에 대해서는 '노동자'를, 이후 도일한 조선인에 대해서는 '노무자'로 구분해서 사용했습니다.

노무자라는 용어는 1944년에 다시 근로자로 바뀝니다. 1944년 10월 15일자로 단행한 조선총독부의 조직개편을 보면, '노무'라는 부서명은 모두 '근로'로 변경되었습니다. '노무과'가 '근로조정과'나 '근로동원과'로 바뀌었습니다. 일제말기에 노무자에 대한 인식이 민중들 사이에 부정적으로 굳어지면서 강제가 아닌 자발성을 강조한 명칭을 확산하려는 의도에서 나온 결정입니다.

일제는 침략전쟁을 일으킨 후 '황국근로관[국체의 본의에 기초한 노동관. 노동은 천황을 위한 황국민의 봉사활동이라는 인식]'이라는 미명 아래 모든 노동력을 일제를 위해 봉사할 것을 강요했습니다. 그러므로 노무자에서 근로자로 변화는, 민중들에게 오히려 헌신성과 봉사심을 강요하고 노동력을 착취하기 위한 노림수였습니다.

동원 경로별로 동원된 현황을 살펴보면 다음과 같습니다.

국민징용			할당모집, 관알선				
일본	한반도	남방	일본	한반도	남사할린	남양군도	만주
222,082	303,824	135	798,043	6,204,978	16,113	5,931	3,658
7,554,764							

* 동원 경로에 대해서는 별도 항목[노무동원의 경로]에서 상세히 설명합니다.

〈정혜경〉

도움이 되는 글

이상의, 「중일전쟁기의 '노자일체론'과 노동력 동원체제」, 『일제하 조선의 노동정책 연구』, 혜안, 2006
정혜경, 『일본제국과 조선인노무자 공출』, 선인출판사, 2011
정혜경, 『징용 공출 강제연행 강제동원』, 선인출판사, 2013

중요한 낱말 | ★

노무동원, 국가총동원법, 한반도, 일본, 남사할린, 중국, 만주, 타이완, 태평양, 동남아시아, 공출, 노무자, 근로자, 황국근로관

현재 한국사회에서 강제동원의 상징 키워드는 단연 '징용'입니다. 당시를 경험한 노인층이든, 일제 말기를 전혀 상상하지 못하는 연령대이든. 심지어 군인으로 동원되었더라도 그저 "징용갔다"고 하는 경우가 일반적입니다. 군인과 군무원, 노무자를 포괄한 명부를 1953년 당시에 '일정시피징용자명부'라고 이름 붙였을 정도였습니다.

▶ 징용이란 무슨 말인가요?

사전을 찾아보면, "징용은 국가권력으로 국민을 일정한 업무에 강제적으로 종사시키는 일"이라고 되어 있습니다.

조선총독부가 대민 홍보용으로 만든 『조선징용문답』[조선문]에 의하면, "징병徵兵은 천황폐하의 명령하시는 대로 전선에 나가 싸우는 것이요 징용徵用은 총후에서 국가가 명하는 총동원업무에 종사하는 것"이라고 적혀 있습니다. 게다가 "근본에 있어서는 징병이나 징용이나 모두 다 같이 국가에 봉공奉公하는 것"이라는 설명도 붙어 있습니다.

이같이 징용은 군대에 가는 것은 아니지만 징병과 공통점이 있습니다. 국가가 책임진다는 점입니다. 국가는 징용한 국민에 대해 동원과정은 물론, 징용으로 인한 부상과 사망 등 피해 등 원호援護에 대해 책임지도록 되어 있습니다. 국민징용령[1938년 7월 공포]

이라는 법령과 시행규칙, 국민징용부조규칙[1941년 12월 22일 발포. 1942.1.1자로 시행]에서 정부의 책임과 역할을 구체적으로 명시했습니다. 일본은 현재까지도 법에 의해 징용피해자를 대상으로 법령이 규정한 원호금을 지급하고 있습니다.

　징용제도란 1939년 7월 국가총동원법에 근거한 국민징용령에 의해 시작된 제도로서, '징용'이라는 용어에서 나타나는 바와 같이 국가의 강권에 의해 국민을 군수산업에 노동력으로서 동원하는 전시인력 동원의 뼈대입니다. 그러므로 국민징용령에 의한 징용제도는 오랫동안 일본이 아시아태평양전쟁을 수행하는 과정에서 동원한 인력의 성격[강제성]에 대한 "가장 확실하고도 명백한 근거"로 작용했습니다.

그림 6 경기도지사가 충청도 본적지를 둔 조선인에게 경성에 있는 관동기계제작소에 징용한다는 내용으로 발행한 징용영장[대일항쟁기 강제동원피해조사 및 국외강제동원희생자 등 지원위원회, 「조각난 기억」, 2013]

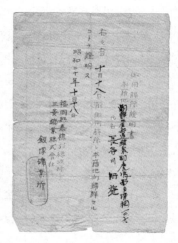

그림 7 1945년 10월 18일자로 후쿠오카현에 있는 미쓰비시광업이 발행한 징용해제증명서[대일항쟁기 강제동원피해조사 및 국외강제동원희생자 등 지원위원회, 『조각난 기억』, 2013]

그림 8 징용자임을 증명하는 증명서[대일항쟁기 강제동원피해조사 및 국외강제동원희생자 등 지원위원회, 『조각난 기억』, 2013]

▶ 식민지 조선에서도 징용제도가 적용되었나요?

물론입니다. 일본의 전쟁 수행 과정에서 빼 놓을 수 없는 인력 동원제도인 징용제도는 국민징용령을 통해 조선은 물론, 타이완과 남사할린樺太, 중부 태평양 지역[남양군도]에 까지 적용, 시행되었습니다.

일본 정부가 작성한 통계에 의하면, 징용제도에 의해 동원된 조선인은 526,041명에 달합니다.

〈 연도별 조선인 피징용자수 〉

연도별	일본	남방	한반도
1941	4,895		
1942	3,871	135	90
1943	2,341		648
1944	201,189		173,505
1945	9,786		129,581
소계	222,082	135	303,824

▶ 조선에는 언제부터 징용제도가 적용되었나요?

1939년 10월 1일부터 해방될 때까지 적용되었습니다. 그러나 징용은 기업이 아닌 일본정부가 책임지는 동원 시스템이므로, 전쟁의 초기단계에는 일부 기술직만 징용하고, 나머지 노무인력은 기업이 관리하는 방식[할당모집]으로 충원하다가 1944년 2월에 '몽땅 징용'으로 확산했습니다. 일본에서도 마찬가지입니다.

제정 당시 국민징용령 부칙에는 "본령은 1939년 7월 15일부터 이를 시행한다. 단 조선, 타이완臺灣, 화태樺太 및 남양군도南洋群島에서는 1939년 10월 1일부터 시행한다."고 명시되어 있었습니다. 국민징용령은 여러 차례 개정되었는데, 그 때마다 조선이 제외된 적은 없습니다. 다만 적용시기가 달랐을 뿐입니다. 그런데 여전히 일부 연구자들이 조선에서 징용령이 실시된 시기를 1944년으로 잘못 이해하고 오류를 수정하지 않고 있습니다.

▶ 국민징용령國民徵用令이 조선에 적용된 과정을 살펴볼까요?

1939년 7월 8일, 일본에서 국민징용령[칙령 제451호]이 공포되자 조선의 관보에는 국민징용령을 게재한 조선총독부 관보의 같은 호수[3811호, 9월 30일자]에 조선총독부령 제164호로 국민징용령시행규칙[9월 30일자 공포, 10월 1일자 시행]과 출두여비지급관련 부령 3건[부령 제165호, 부령 제166호, 부령 제167호]이 실렸습니다.

피징용자와 군무원을 혼동하는 경우도 있습니다. 일본정부가 작성한 명부에 징용으로 동원된 피해자들을 '징용'과 '군속軍屬[군무원]'으로 혼용한 경우가 많아서 학계에서도 오랫동안 양자 관계를 잘못 이해해 왔습니다. 군무원도 해군징용령 등 징용 법령에 의해 동원된다는 점을 들어 징용은 군무원과 다른 것으로 잘못 이해하는 경우도 있었습니다. 군무원의 개념은 다시 설명합니다.

〈정혜경〉

도움이 되는 글

勞働行政史刊行會, 『勞働行政史』제1권, 1961
정혜경, 『일본 제국과 조선인 노무자 공출』, 선인출판사, 2011
정혜경, 『징용 공출 강제연행 강제동원』, 선인출판사, 2013

중요한 낱말 | ★

국민징용령, 공출, 해군징용령, 군무원, 조선총독부, 국가총동원법

일본의 전세가 악화되면서 조선의 청년들은 징병제도의 대상자
가 되었습니다. 근대 국민국가에서 징병이란 국민의 의무이지만
국민으로서 권리를 수반하므로 일본당국은 조선인을 징병제도에
포함하는 일에 주저했습니다. 조선인이 징병을 이유로 자치권을
주장하면 곤란하기 때문입니다. 그러나 급박한 전세는 더 이상 징
병을 미룰 여유를 주지 않았습니다.

연표를 살펴봅시다.

1942.5.1. : 육밀 제1147호 「조선에 징병제 시행 준비의 건」요청 [육
군대신 東條英機와 척무대신 井野碩哉 명의], 1942년 5월 8일 각의 결정, 9일 공포
1942.5.11. : 훈령 제24호 「조선총독부 징병제시행 준비위원회 규
정」공포, 준비
착수.
국민총력조선연맹의 기구를 총동원, 조선신궁을 비롯한 각처에서 신
궁봉고제 및 선서식 개최. 이후 각종 선전행사 개최 및 일본어보급
운동 전개
1942.10.15 : 제령 제32호 「조선기류령」시행. 징병 적령자의 거주
파악 목적
1942.10.1 : 제령 제33호 「조선청년특별연성령」공포
1943.8.1 : 개정병역법 시행[징병제 시행 근거]
1943.10.1 : 호적정비를 통해 1943년 10월 1일부터 조선 전역에 걸
쳐 징병 적령자 신고
1944.4.23 : 군무예비훈련소 설치
1944년 4월 1일부터 8월 20일까지 제1회 징병검사 실시
1944년 9월 1일부터 입대

조선청년들을 대상으로 징병제도를 시행하기 위해서는 여러 준비가 필요했습니다. 일본어 교육을 시켜야 했고, 징병 적령자를 미리 파악할 필요도 있었습니다.

조선청년들에게 일본어는 물론 황국신민으로써 철저한 정신교육이 이루어져야 일본 군인으로 동원할 수 있기 때문입니다. 이를 위해 교육제도를 정비합니다. 1938년 3월 4일에 공포된 제3차 교육령[칙령 제103호]이 육군특별지원병제도의 창설을 위한 것이었다면, 징병을 준비하기 위한 교육령은 제4차 교육령[1943년 3월]이 해당되겠지요. 물론 그 이전에 국민학교규정國民學校規程을 공포[1941.3.31]하고, 1942년 12월에는 의무교육제도 시행[1946년 시행 예정]도 발표합니다.

그렇다고 초등교육을 받지 못한 청년들이 징병 대상에서 면제되는 것은 아닙니다. 국민학교를 졸업하지 않은 청년들은 조선청년특별연성소朝鮮靑年特別鍊成所에서 교육을 받도록 했고, 현역 징집이 예상되는 청년들은 군무예비훈련소軍務豫備訓鍊所에서 최종적인 훈련을 받도록 했습니다.

징병 적령자가 어디에 있는지 확인하기 위해 조선기류령을 공포했고, 호적을 정비해서 징병 적령자 파악에 만전을 기했습니다. 이러한 준비를 거친 후 조선청년들을 대상으로 징병제도를 실시한 것입니다.

이상의 제도를 통해 징병徵兵된 조선 청년들의 현황은 아래 표와 같습니다.

구분		계
육군특별지원병	16,830	
학도지원병	3,893	209,279
육군징병	166,257	
해군(지원병 포함)	22,299	

그림 9 광주육군병사부가 발행한 제1
보충병증서[대일항쟁기 강제동원피해조사 및
국외강제동원희생자 등 지원위원회, 『조각난 기억』,
2013]

그림 10 부산육군병사부가 발행한
현역병증서 [대일항쟁기 강제동원피해조사
및 국외강제동원희생자 등 지원위원회, 『조각
난 기억』, 2013]

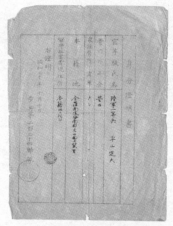

그림 11 육군 일등병 조선청년의 신분증명서 [대일항쟁
기 강제동원피해조사 및 국외강제동원희생자 등 지원위원회, 『조각난
기억』, 2013]

그림 12 1944년에 훈련소에서 훈련하는 모습[대일항쟁기 강제동원피해조사 및 국외강제동원희생자 등 지원위원회, 「조각난 기억」, 2013]

〈정혜경〉

도움이 되는 글

표영수, 「일제강점기 조선인 지원병제도 연구」, 숭실대학교 대학원 사학과 박사학위논문, 2008
정혜경, 『징용 공출 강제연행 강제동원』, 선인출판사, 2013

중요한 낱말 | ★

군무예비훈련소, 교육령, 조선기류령, 조선청년특별연성소

아시아태평양전쟁은 1931년 9월~1945년 8월 까지 일본이 일으킨 전쟁을 가리킵니다. 일본에서는 자신들이 일으킨 침략 전쟁을 '대동아전쟁'이라고도, '15년 전쟁'이라고도 했습니다.

대동아전쟁은 당시 일본에서 사용하던 용어이고, 15년 전쟁은 현재 일본 학계에서 사용하는 용어입니다. 대동아大東亞전쟁은 "일본이 아시아의 맹주로서 황인종을 해방한다"는 의미로 사용했습니다. 전쟁을 '황인종 대 백인종'의 인종 전쟁으로 인식하도록 한 용어이고, 1941년 12월 진주만 공격을 기점으로 상정했습니다. 15년 전쟁은 전쟁 시작을 만주滿洲침략[일명 만주사변] 때부터 설정한 용어입니다.

태평양전쟁은 미국 등 연합국이 사용하는 용어인데, 1941년 12월 진주만 공격 때부터 해당합니다. 21세기에 들어서 일본의 침략전쟁 명칭은 아시아태평양전쟁으로 굳어졌습니다. 아시아태평양전쟁은 크게 만주사변[1931년]과 중일전쟁[1937년], 태평양전쟁[1941년]으로 나눌 수 있습니다.

▶ **만주사변**

만주사변은 1931년 9월 18일 일본 관동군이 중국 선양瀋陽 부근의 류탸오거우柳條溝 사건[일명 만주철도 폭파 사건]을 조작함으로써 일으킨 전쟁입니다. 일본 관동군은 스스로 만주철도의 선로를 폭파하고 이를 중국 측 소행으로 몰아 일본 군대를 움직였습니다. 이들은 철도를 따라 북만주를 향해서 단번에 군사 행동을 개시해, 5일 만에 랴오둥遼東, 지린吉林 성의 거의 전 지역을 장악했습니다.

▶ 중일전쟁

중일전쟁은 1937년 7월 7일 베이징北京 교외의 루거우차오蘆溝橋에서 일본군이 일으킨 군사 행동에서 시작되어 중국 관내關內로 전쟁이 확대되었다. 베이징과 톈진天津을 점령한 일본은 1937년 12월 난징南京을 점령하여 시민 수십만 명을 살육했습니다. 유명한 난징 대학살입니다.

중국으로 전선을 확대한 일본은 중국 남부를 통해 동남아시아와 태평양으로 나가려고 했으므로 필리핀에 식민지를 둔 미국과 필연적으로 충돌할 수밖에 없었습니다.

그림 13 중국 전선으로 향한 일본군 [민족문제연구소,「거대한 감옥, 식민지에 살다」, 2010]

▶ 태평양전쟁

일본 해군은 "한 차례의 기습 공격으로 미국의 주력 함대를 격파하고 그 사이 일본 육군이 동남아시아를 석권한 후 강화講和를 맺어 동남아를 확보"한다는 계획을 세웠습니다. 이를 '단기短期 결전'이라고 합니다. 이 작전에 따라 일본은 1941년 12월 7일 미국 태평양 함대의 기지인 진주만을 공습하고, 이를 시작으로 태평양과 동남아시아로 진격했습니다.

　작전명 "도라 도라 도라!"였던 진주만 공격은 처음에는 의도대로 되었고, 대승리를 거두었습니다. 그러나 진주만 공격은 미국의 참전을 가져왔고, 오히려 만주사변[1931]에서 시작된 아시아태평양전쟁을 종식시키는 계기가 되었습니다.

〈정혜경〉

도움이 되는 글

요시다 유타카 지음, 최혜주 옮김, 『아시아·태평양전쟁』, 어문학사, 2013
정혜경, 『징용 공출 강제연행 강제동원』, 선인출판사, 2013

중요한 낱말 | ★

중일전쟁, 만주사변, 태평양전쟁, 대동아전쟁

공탁금供託金 이란 일제지배 말기 일본으로 강제동원된 조선인이 받았어야 할 임금이 일본의 공공기관에 공탁되어 있는 것을 말합니다. 받을 것을 받지 못한 조선인의 입장에서 보면 미수금이고, 줄 것을 주지 않은 일본 정부나 기업의 입장에서 보면 미불금이라고 할 수 있죠.

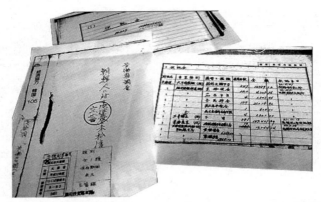

그림 14 일본 국립공문서관에 소장된 「조선인 임금 미지불 채무」. 1950년 일본 후생성에서 작성한 자료로, 당시 조선인 징용자들의 기업별 공탁금 내역이 상세히 기록되어 있다.

1945년 8월 해방 당시 일본에는 200여만 명의 조선인이 거주하고 있었는데, 그 중 102만여 명은 아시아태평양전쟁기에 강제동원된 사람들이었습니다. 이들의 임금과 수당, 저금, 연금은 그동안 일본 정부나 기업에 의해 대부분이 강제저축 등의 형식으로 존재하고, 실제로는 지급되지 않은 미수금으로 남아 있었습니다. 일본 정부가 전쟁비용으로 충당하거나 일본 기업의 자금회전을 위해 유용하고자 했기 때문이죠. 이 미수금은 조선인이 힘든 일을 그만두거나 도망치는 것을 막는 수단이 되기도 하였습니다.

그림 15 해방 후 귀국을 위해 끊임없이 배에 오르는 조선인들[오사카 인권박물관 특별전에서 전시한 사진]

해방을 간절히 기다렸던 조선인들은 해방 이후 하루 바삐 귀국하기를 원하였습니다. 그러나 일본의 노동력 공백을 우려한 일본 기업과 미 점령군은 조선인이 더 머무르기를 요구하였습니다. 이에 조선인이 귀국과 미수금 지급을 요구하며 저항하자, 미 점령군은 일본 사회의 치안 유지와 사회주의 세력의 확대를 방지하고자 조선인에게 귀국을 종용하였습니다. 그리고 일본 기업으로 하여금 이들의 미수금을 공탁하도록 하여, 일부 기업들이 공탁을 진행하였습니다.

한편 당시 일본정부는 미군 주도로 공탁이 진행되는 것을 저지하고, 동시에 재일 조선인연맹이 조선인의 미수금 청구를 대행하면서 조선인 사이에서 영향력을 확대하는 것을 방지하고자 하였습니다. 따라서 조선인을 동원했던 기업으로 하여금 일본은행과 각 지방 관청에 공탁을 실시하게 하는 정치적인 선택을 하였습니다. 이렇게 하여 패전 직후 일본 정부와 일본에 있었던 미 점령군에 의해 각각 조선인의 미수금이 일본의 공공기관에 공탁되었습니다.

공탁의 과정에는 일본정부가 강제동원 당시 조선인 군인, 군속, 노무자 수십만 명을 동원하고 임금과 저금, 수당을 제대로 지급하지 않은 문제, 해방 후에도 그들에게 미수금을 주지 않은 채 귀국하도록 방치하거나 방조한 문제, 조선에 귀국한 이후에 미수금을 전달할 수 있었으나 '거주지 불분명' 혹은 '통신 두절'이라는 이유를 들어 공탁을 한 문제, 더욱이 당사자에게 공탁 사실을 통지조차 하지 않은 문제 등이 겹쳐 있었습니다. 연합국군총사령부와 남한지역에 주둔했던 미군정 당국도 일본정부의 공탁 조치에 대해 소극적이고 방관적인 태도로 일관하였던 점을 지적할 수 있겠지요.

일본 3대 구 재벌기업의 공탁금 현황 (단위 : 곳, %)

기 업	강제동원 작업장	공탁금 명부 존재 작업장	비 율
미쓰비시	117	10	8.55
미쓰이	60	5	8.34
스미토모	68	5	7.36
합계	245	20	8.16

※ 2010년 일본정부가 제공한 '조선인 노무자 공탁기록' 기준.
〈자료 : 일제강점기 강제동원 피해조사 및 국외 강제동원 희생자 등 지원위원회〉

더욱이 1952년대부터 시작된 한·일양국의 청구권 교섭과정에서 일본정부는 일관되게 공탁 사실을 은폐해 왔고, 한일협정 과정에서 공탁금의 존재를 밝히고 전달할 수 있었는데도 끝내 은폐하였습니다. 그 결과 일본 기업은 일정 금액을 공탁함으로써 미수금 등의 지불 채무에서 자유로워지는 형식이 되었지만, 그 공탁금은 강제동원되었던 조선인 개개인에게 여전히 받지 못한 미수금으로 남아 있습니다. 현재 우리 정부에서는 이들을 대상으로 공탁금을 지급하려 노력하고 있는데, 피해자 본인이 공탁금이 있다는 걸 입증해야 하는 절차로 인해 그 대상자와 액수는 극히 적은 수에 불과하답니다.

〈이상의〉

도움이 되는 글

배석만, 「일본 기업재건정비 과정과 조선인 노무자 미수금 문제」
이상의, 「해방 후 일본에서의 조선인 미수금 공탁 과정과 그 특징」
정혜경, 「일제말기 조선인 노무자 공탁금 자료의 미시적 분석」
최영호, 「조선인 노무자 미수금 문제와 조련의 예탁활동」
허광무, 「일제말기 강제동원 조선인 노무자의 미불금 피해 실태
　　　　　－ 규슈지역의 미불금 관리 실태를 중심으로－」
위의 논문은 모두 『동북아역사논총』 45(동북아역사재단, 2014.9)에 수록되어 있음.

　중요한 낱말 | ★

공탁금, 미수금, 조선인노동자, 징용, 일본정부, 일본기업, 연합국군총사령부(GHQ), 조선인연맹

황민화 정책은 일본과 그 식민지의 거주민들을 '천황'이 있는 일본의 충성스러운 신민으로 만들기 위한 일제의 강제적인 동화정책을 말합니다. 그중에서도 조선에서의 황민화정책은 일제가 중일전쟁을 도발한 이후 조선을 병참기지로 만들면서, 조선인이 전쟁에 적극 협조하도록 하기 위해 조선인의 민족성을 말살하고 조선인 스스로 내선일체 의식을 갖도록 행한 정책을 말합니다.

그림 16 신사에서 다 같이 참배하는 모습[신기수, 『한일합병사』, 눈빛, 2009]

1929년 세계대공황의 위기가 닥치자 일제는 전쟁을 통해 그 위기를 벗어나려고 하였습니다. 일제는 1931년 만주침략에 이어 1937년 중일전쟁을 일으켰습니다. 이후 조선을 대륙 침략을 위한 병참기지로 만들려 하였고, 전쟁 수행을 위해 조선의 인력과 물자를 총동원하기 위해 전 사회적으로 통제와 수탈을 진행하였습니다. 그 과정에서 내선일체를 강조하면서 조선인이 일제의 전쟁을 자신의 전쟁으로 받아들이도록 일련의 황국신민화 정책을 펼쳤습니다.

그림 17 학교 조회시간에 황국신민서사를 암송하는 모습

황국신민의 서사

아동용
1. 우리는 대일본제국의 신민입니다.
2. 우리는 마음을 합하여 천황폐하께 충의를 다하겠습니다.
3. 우리는 인고단련하여 훌륭하고 강한 국민이 되겠습니다.

성인용
1. 우리는 황국신민이다. 충성으로써 군국君國에 보답하겠다.
2. 우리 황국신민은 서로 신애협력하여 단결을 굳건히 하겠다.
3. 우리 황국신민은 인고단련 힘을 길러 황도를 선양하겠다.

일제의 황민화정책은 세계역사상 유례가 드물 정도로 가혹한 민족말살정책이었습니다. 어느 누구든 '황국신민서사'를 제창하게 하고, 학교에서는 우리말 교육을 폐지하고 일본어만을 사용하게 하였으며, 창씨개명을 강요하였습니다. 또한 조선인의 민족의식을 잠재우기 위해 일선동조론日鮮同祖論을 내세우면서 일본인의 조상신 신주를 각 가정에 걸어 놓고 숭배하게 하였으며, 일장기를 계양

하고, 기미가요를 부르고, '천황'이 있는 곳을 향해 고개를 숙이고, 신사에 참배하게 하였습니다.

그림 18 국민학교의 수업 모습. 1941년 일제는 소학교의 명칭을 국민학교로 바꾸고 본격적으로 황민화교육을 실시하여 황국신민을 키워내려 하였다.

그림 19 일제감정기 국민학교 산수책에 나온 그림. 황민화 교육은 곧 학생들을 전쟁터의 군인으로 동원하기 위한 과정임을 이 그림에서 잘 드러내고 있다.[민족문제연구소, 「식민지 조선과 전쟁미술」, 2004]

황민화정책은 곧바로 학교에서의 교육으로 연결되었습니다. 조선인 학생이 군인이나 노동자로 동원될 경우 자신을 일본인으로 생각하게 하는 황민화 교육을 통해 일제의 전쟁을 자국의 전쟁으로 인식하여 기꺼이 참전하도록 하기 위한 것이었죠. 황민화정책을 학교에서 실현하기 위한 법적인 조치가 1938년에 공포된 제3차 「조선교육령」입니다. 학계에서는 강제동원의 경우 '강제성'의 범주에 "황민화 교육에 따른 정신적 구속"도 해당되는 것으로 판단하고 있답니다.

황민화정책의 시행으로 1940년대 조선사회는 점차 일본사회화 하는 가운데 황국신민 의식을 가지면서 일제의 침략 전쟁에 적극 협력한 조선인도 다수 존재하게 되었습니다. 그러나 철저한 민족말살정책에도 불구하고 한편에서는 해방에 이르기까지 일제의 지배에 저항하는 민족해방운동도 꾸준히 지속되었으며, 대부분의 사람들은 일본의 패망과 조선의 해방을 끝까지 기다려 왔습니다.

〈이상의〉

도움이 되는 글

宮田節子 著·李熒娘 譯,『朝鮮民衆과「皇民化」政策』, 一潮閣, 1997
崔由利,『일제 말기 식민지 지배정책연구』, 국학자료원, 1997
김경미,「황민화 교육정책과 학교교육」,『동방학지』124, 2004
이명화,「일제 황민화교육과 초등학교제의 시행」,『한국독립운동사연구』35, 2010

중요한 낱말 | ★

황국신민서사, 황민화, 황민화교육, 중일전쟁, 조선교육령 창씨개명이란 일제강점 말기 일제가 조선인에게 강요했던 창씨와 개명을 합친 말입니다. 창씨는 성씨를 새롭게 바꾸는 것이었으며, 개명은 성에 걸맞게 일본식으로 이름을 바꾸는 것으로서, 모두 다 조선인의 인식으로는 용납하기 어려운 것이었습니다.

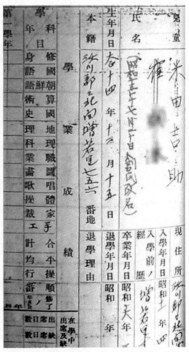

그림 20 본래의 이름을 지우고 창씨개명한 이름이 올라가 있는 초등학교 학적부. 이름 왼쪽에 1940년 7월 20일에 창씨개명했다고 적혀 있다.

중일전쟁을 일으킨 일제는 1939년 「조선민사령」을 개정하여 조선인의 창씨개명을 추진하였습니다. 1940년 2월 11일부터 8월 10일까지 6개월 내에 씨를 새로 만들어 신고할 것을 명령하고, 신고하지 않을 경우 일본의 가족 제도와 같이 호주의 성을 그 가족의 씨로 정하도록 하였습니다. 일본식으로 이름을 바꿀 경우에는 재판소의 허가를 받은 후 신고를 하고 호적상의 이름을 바꾸도록 하였습니다. 곧 창씨는 법적인 의무로서 행해졌으며, 개명은 임의적인 것이었습니다. 그러나 당시의 분위기에서 많은 사람들은 창씨와 개명을 같은 것으로 알고 있었습니다.

그림 21 조선총독부는 창씨의 비율을 높이기 위해 지역별로 창씨 상담소를 설치하였다. 경성부 창씨상담소의 간판을 걸고 있는 장면

1940년 5월까지 창씨를 신고한 가구는 7.6%에 불과하였습니다. 이에 조선총독부는 행정력과 경찰력을 동원해 창씨를 하도록 압력을 가하여 마감 기간까지 79.3%가 창씨를 하였습니다. 이를 두고 일제는 조선인 다수가 자발적으로 창씨개명에 동참했다고 주장하였습니다. 그러나 이는 창씨를 하지 않을 경우 생활필수품을 배급하던 당시에 식량과 물자를 배급해 주지 않거나 노동력 동원 시 우선 징발한다고 협박하고, 자녀의 입학과 진학을 불허하거나 우편물을 전해주지 않는 등의 행정적인 강제, 유명인사를 동원한 홍보, 언론을 활용한 지역간·기구간 경쟁 등 온갖 방법을 동원해 강요한 결과에 지나지 않았습니다.

그림 22 일본식으로 성과 이름을 바꾼 이광수의 사례를 활용해 창씨개명을 선전하고 있는 언론.『매일신보』는 1940년 1월 5일자에 창씨개명 특집을 마련하면서 '7백년 전의 조상들을 따른다 향산광랑 된 이광수씨'라는 제목으로 기사를 실었다.

창씨개명에 임하는 조선인의 태도는 다양하였습니다. 이광수처럼 카야마 미쓰로香山光郎로 성과 이름을 완전히 일본식으로 바꾼 경우도 있었고, 성만 새로 만든 경우, 기왕의 성과 이름을 그대로 사용한 경우도 있었습니다. 자발적으로 창씨개명한 경우가 아니라면, 창씨개명 여부와 그 사람의 민족주의 성향이 반드시 일치한다고 보기는 어렵습니다. 권력을 지닌 조선인으로서 창씨를 하지 않고도 전혀 불편함을 느끼지 않은 경우도 있었고, 절대 성을 바꾸지 않기로 가문이 함께 결의한 경우도 있었으며, 김해 김씨가 金海로 창씨한 것처럼 행정적인 불이익을 피하기 위해 마지못해 성을 바꾼 경우도 있었기 때문입니다. 어떤 경우든 창씨의 법정 시한이 지난 이후에는 조선인의 성을 일본식으로 읽게 되었습니다. 김金씨라 해도 이제 더 이상 김씨가 아니라 가네상으로 불리게 된 것이죠.

창씨개명은 중일전쟁 후 조선에서 추진된 황국신민화 정책의 대표적인 것으로서, 조선인에게 징병제를 시행하기 위한 준비과정이기도 하였습니다. 이와 함께 창씨개명의 가장 큰 목적은 수천년간 내려오던 조선의 전통적인 가족제도, 나아가 조선 사회의 존재방식을 바꾸는 데 있었습니다. 조선적인 가족제도, 특히 부계혈통에 기초한 두터운 가문의 힘을 약화시키고, 일본적인 이에[家]제도를 도입하여 '천황'으로 상징되는 일본에 대한 충성심을 갖도록 한 것이었습니다. 이를 통해 전시체제기에 조선인 개개인을 일본제국주의의 공적인 영역에서 새로운 이름으로 살아가게 했던 것입니다. 군인이나 노동자로 동원된 조선인의 명부, 학교의 졸업생 명부 등이 그것을 단적으로 보여주는 예입니다.

그림 23 내선일체를 강조하는 포스터. 일본을 상징하는 큰 아이와 조선을 상징하는 작은 아이가 2인 3각 경기로 하나되는 모습을 표현하고, 조선과 일본이 협력하고 일치되면 세계의 승자가 될 것이라고 하였다.[민족문제연구소, 『식민지 조선과 전쟁미술』, 2004]

　　이러한 창씨개명은 1946년 10월 미 군정기 조선성명복구령朝鮮姓名復舊令이 공포되면서 폐지되었고, 이후 모두 다 공식적으로 본래의 이름을 찾게 되었습니다.

〈이상의〉

도움이 되는 글

정운현 편역·궁전절자 등 저, 『창씨개명』, 학민사, 1994
金英達, 『創氏改名の研究』, 未來社, 1997
미즈노나오키 지음·정선태 옮김, 『창씨개명』, 산처럼, 2002
정주수, 『창씨개명연구』, 東文, 2003
구광모, 「창씨개명정책과 조선인의 대응」, 『國際政治論叢』 45-4, 韓國國際政治學會, 2005

중요한 낱말 ┃ ★

황민화정책, 창씨, 개명, 조선민사령, 징병제

일본 당국은 가장 먼저 노동력을 조사하고 등록을 해서 언제든 지 동원할 수 있도록 준비했습니다. 제1단계[노동력 조사 및 등록]입 니다.

두 번째 단계는 요청입니다. 노동력이 필요한 기업은 다음 해 필요한 인원수를 일본 후생성厚生省[남양군도는 남양청南洋廳]에 신청합 니다. 그러면 후생성[남양청]은 기업별로 인원을 할당하고 고용 허 가를 내줍니다. 허가를 받은 기업[남양청]은 다시 조선총독부에 모 집 허가를 신청합니다.

그러면 조선총독부는 신청을 받아 인원 조정을 한 후, 기업담당 자와 함께 지정된 지역에서 할당된 인원수를 모집하고 집단적으로 배에 태워 보냅니다. 당시 기록에서는 이 과정을 물건처럼 송출送 出이라 표현했습니다. 세 번째[동원]과 네 번째 단계[수송]입니다.

동원되는 지역에 따라 약간의 차이가 있는데 남양군도가 그렇 습니다. 기업이 남양청에 신청을 하고 남양청이 기업별로 인원을 할당하고 고용허가를 내주는 과정은 일본과 같습니다. 그러나 신 청 과정에서 차이가 있습니다. 남양청이 조선총독부에 직접 모집 허가를 신청합니다. 남양군도로 가는 노무자들은 당시 항로에 따 라 일단 일본에 도착한 후 다시 배를 타고 남양군도로 향합니다.

단계	내용		담당 주체
노동력 조사 및 등록	노동력 조사를 하고 직종별로 등록 ※ 그 결과를 매년 노무 동원 계획에 반영	====	일본정부, 조선총독부
⇩	⇩		⇩
요청要請	일본기업, 사업주와 신청 수를 결정하여 부, 현 장관을 통해 모집 신청 → 후생성이 사정査定 후 인원 조정, 조선총독부에 요청 → 조선총독부, 일본 후생성과 인원을 조정하고 지역별로 할당	====	일본기업(사업주), 일본 후생성, 조선총독부, 남양청
⇩	⇩		⇩
동원動員	조선총독부, 해당 도에 업무 하달 → 읍과 면의 담당자(면서기,구장,경찰서,주재소,읍면 유력자), 관련 단체(총력연맹,직업소개소,조선노무협회, 조선토목건축협회 등) 하달 → 노무자 선정 업무 수행[각 읍,면] → 선정 결과를 조선총독부에 보고 → 수송 일정에 따라 송출 준비 완료[각 읍,면] ※송출 수속 : 호적등본 확인, 공출자명단 작성, 도항증 발급	====	조선총독부(경찰), 지방 행정기관, 국민정신총력연맹, 직업소개소, 조선노무협회, 사업주
⇩	⇩		⇩
수송輸送	조선총독부, 수송 업무 지휘 : 수송 관련 부서, 조선노무협회가 수송 담당 → 조선총독부, 수송 완료 직후 해당 지역 관련자(사업주, 부 및 현의 장관, 후생성)에게 통보 → 현지 도착	====	조선총독부(경찰), 지방 행정기관, 조선노무협회, 사업주

사람을 모집하고 기차에 태워 부산까지 수송하고, 마지막으로 관부연락선[關釜聯絡船. 부산과 일본의 시모노세키 사이를 연결하던 일본의 연락선]에 태우는 모든 과정은 조선총독부가 담당했습니다. 이 과정에 중앙 행정 부서는 물론이고 경찰이나 군청 직원, 면 직원, 철도청 직원, 소방서원 등 모든 공권력이 동원되었습니다.

그림 24 출발하기 전에 신사참배하는 모습[대일항쟁기 강제동원피해조사 및 국외강제동원희생자 등 지원위원회, 「조각난 기억」, 2013]

▶ 조선총독부는 무슨 기준으로 지역을 할당했을까요?

가장 먼저 고려한 사항은 가뭄이나 홍수 등 천재지변으로 큰 피해를 입은 지역입니다. 원래 자연재해로 피해를 입은 지역에서 이재민이 발생하면 정부가 나서서 이들을 구호해야 합니다. 그러나 조선총독부는 구호를 할 만한 의지도, 능력도 없었으므로 이재민들을 그 지역 밖으로 내보내는 편을 택했습니다. 이재민들도 당장 먹고살 길이 막막하니 모집에 응할 수밖에 없었지요.

조선인을 동원하는 과정에서 해당 기업은 송출의 대가로 머리수 당 일정액을 조선총독부 당국에 지불하고, 모집과정에 관여한 관리들[경찰서장, 경찰, 면서기 등]에게 매우 성대한 향응을 베풀었습니다. 모든 내용은 일본기업이 작성한 자료에 고스란히 남아서 현재 연구자들에게도 공개되고 있습니다.

그렇다면 기업은 노무자를 데려가는데 비용이 많이 들 터이니,

손해를 보는 것이 아닌가요?

아닙니다. 절대 손해 볼 일은 없었습니다. 기업이 생산한 물품에 대해서는 당국이 공짜로 가져간 것이 아니라 오히려 높은 가격으로 보전해주었고, 임금 통제 조치를 통해 임금을 제대로 주지 않도록 해주었으며 기업에게 강제노동의 권한까지 일임했기 때문입니다. 미쓰비시三菱나 미쓰이三井 등 대 기업이 이 시기를 통해 재벌로 성장할 수 있었던 이유이기도 합니다.

또한 기업은 동원에 들어간 모든 비용을 노무자들에게 빚으로 얹었다. 기차삯, 뱃삯, 배 안에서 주는 밥값. 그리고 아래 사진에 나오는 조선 청년들이 입은 옷과 신발도 모두 빚으로 계산을 했지요. 그러니 일본 회사가 손해 볼 일은 전혀 없었습니다.

그림 25 항구에서 승선하기 직전에 설명을 듣는 조선인들[하야시 에이다이(林えいだい), 『사라진 조선인 강제연행의 기록(消された朝鮮人強制連行の記録)』, 明石書店, 1989 수록]

이처럼 노무자들은 자신도 모르는 빚을 짊어진 채 고향을 떠났습니다. 이들이 짊어진 빚은 '선대금先貸金'이라고 불렸어요. 그 뿐이 아닙니다. 조선인들은 작업장에 도착해서도 빚이 추가되었습니다. 신발, 곡괭이, 이불, 일본 버선, 숙소 전등, 숙박비, 식비, 탄광용 랜턴대여료 등에 모두 사용료가 계산되고 있었기 때문입니다. 이 빚은 1년 이상 일을 해야 갚아 나갈 수 있을 정도로 많았다고 하네요. 물론 당사자들은 그런 것도 몰랐지요. 인신매매와 다를 바 없는 신세였습니다.

〈정혜경〉

도움이 되는 글
정혜경, 『일본 제국과 조선인 노무자 공출』, 선인출판사, 2011
정혜경, 『징용 공출 강제연행 강제동원』, 선인출판사, 2013

중요한 낱말 ┃ ★

조선총독부, 노무자, 송출, 후생성

일본 당국은 노무자를 동원하는 경로를 일본 정부 책임 정도에 따라 할당모집과 국민징용, 관알선 등 세 가지로 구분했습니다.

세 가지 동원 경로에 공통적으로 적용되는 사항은 "조선인을 고용하고자 하는 고용주[일본기업]가 신청한 인원수를 일본정부가 조정해 배당하고, 조선총독부와 조정하여 확정"하는 것입니다.

- 할당 모집 : 1938년 5월~1945년 4월까지
  - 조선총독부가 노무자의 모집지역과 인원을 결정해 인허한 후 노무자를 송출하는 방식
  - 지역과 지역별 동원인원을 할당
  - 수송책임 : 행정기관, 기업

- 국민징용 : 1939년 10월~1945년 4월까지
  - 일본정부가 국민징용령 및 국민직업능력신고령에 의거하여 등록한 자 중에서 선정하여 징용영장을 발령 · 교부하여 송출하는 방식
  - 일본정부의 직접 관리체제
  - 초기에는 기술직 중심 → 3차 개정 이후 일반 노무자로 확대
  - 수송책임 : 행정기관

- 관알선 : 1942년 2월~1945년 4월까지
  - 조선총독부가 작성 · 결정한 '조선인내지이입알선요강'에 의해 실시된 동원
  - 조선인을 고용하고자 하는 사업자 혹은 대행단체가 신청을 하면 조선총독부가 모집지역, 인원을 허가 · 결정하고 조선총독부 및 지방행정기관과 경찰관헌, 조선노무협회, 직업소개소 등이 협력하여 노무자를 선정하여 송출하는 방식
  - 지역과 지역별 동원인원을 할당
  - 수송단계에서 반을 구성하여 통제를 강화
  - 수송책임 : 행정기관, 기업, 조선노무협회

세 가지 동원방식은 모두 공권력에 의해 이루어졌습니다.

〈정혜경〉

도움이 되는 글

정혜경, 『일본 제국과 조선인 노무자 공출』, 선인출판사, 2011
정혜경, 『징용 공출 강제연행 강제동원』, 선인출판사, 2013

중요한 낱말 ┃ ★

할당모집, 관알선, 국민징용, 국민징용령, 조선노무협회, 직업소개소, 조선총독부

일본과 마찬가지로 조선에서도 업무를 담당하는 행정부서가 있었습니다. 노무 동원에 관한 부서를 살펴보면, 중앙 조직과 지방 조직으로 나눌 수 있습니다. 첫째, 중앙 조직은 조선총독부 소속 부서 가운데 노무 동원 전반에 관한 업무를 직접 전담한 부서와 그 외 관련 부서가 해당합니다.

노무 동원을 포함한 총동원 계획의 수립 및 총동원 운동 업무를 담당한 부서, 노동자 단속업무 담당 부서, 국민 연성 및 근로 교육 업무 담당 부서, 원호 관련 업무 담당 부서 등입니다. 이 가운데 직접 노무 동원 송출 관련 업무를 전담한 중앙 행정기구는 1939년 2월 내무국 사회과 노무계라는 이름으로 시작하는 부서입니다. 중앙 행정기구의 변천 내용을 정리해 보겠습니다.

내무국 사회과 노무계[1939년 2월] → 내무국 노무과[1941년 3월] → 후생국 노무과[1941년 11월] → 사정국 노무과[1942년 11월] → 광공국 노무과[1943년 12월] → 광공국 근로조정과, 광공국 근로동원과, 광공국 근로지도과, 근로동원본부[1944년 10월] → 광공국 근로부 조정과, 광공국 근로부 동원과, 광공국 근로부 지도과[1945년 1월] → 광공국 동원과, 광공국 근로부 근로제1과, 광공국 근로부 근로제2과[1945년 4월]

지방 조직을 보면 도 단위에서는 지사관방, 내무부, 광공부가 담당했고, 그 이하의 행정 조직인 부와 군, 도島의 노무 관련 업무는 서무과와 내무과 그리고 서무계와 내무계가 각각 담당했습니

다. 읍과 면에서는 노무계, 병사계, 권업계, 서무계, 사회계 등 지역의 사정에 따라 소속 부서가 달랐습니다.

〈표〉노무동원 송출 단계별 담당 부서의 역할

업무내용	업무주체	참고
노동력 조사(노무수급조사) 및 등록(국민등록제)	내무국 사회과 노무계(1939)→노무과(1941) → 후생국 노무과(1941) → 사정국 노무과(1942) → 광공국 노무과(1943) → 광공국 근로조정과(1944) → 광공국 근로부 근로조정과 → 광공국 근로부 근로제1과(1945)	○ 노무자원조사 관련 각종 지침에 의해 조사를 실시하고, 노무수급조사의 결과를 매년 노무동원 계획에 반영 ○ 노무수급조사(노동가능자 조사)의 결과를 각 도·부·읍·면에 배포하여 노동력 배급을 조정하도록 조치
문서과로부터 인력요청 관련 문서접수→해당 도에 하달	내무국 사회과 노무계(1939)→ 노무과(1941) → 후생국 노무과(1941) → 사정국 노무과(1942) → 광공국 노무과(1943) → 광공국 근로동원과 / 근로동원본부 총무부 동원반(1944) → 광공국 근로부 동원과(~1945.4.16)	
문서담당 부서로부터 관련 문서 접수→각 읍면에 하달. 지역별 할당	각도 내무부, 부의 내무과, 군(도)의 내무계, 직업소개소(~1943.12월)	○ 할당 모집 단계 : 기업 모집원의 지방 활동 ○ 관알선 단계 : 직업소개소(~1943. 12월)
문서담당 부서로부터 관련 문서 접수→지역할당에 따른 인력동원 업무 수행(총력연맹, 주재소, 소방서, 직업소개소와 합동)→ 확보인원에 대한 상부 보고(군과 부, 도의 순서) 및 행정절차 수행	읍과 면의 담당 계(서기) 구장(이장, 국민총력연맹 이사장 겸직), 조선노무협회, 직업소개소	○ 할당 모집 단계 : 기업 모집원의 관여 ○ 관알선 단계 : 조선노무협회, 직업소개소(~1943.12월)가 노무자 선정 및 동원에 관여
읍과 면에서 상신한 내용을 취합하여 총독부에 보고 → 수송 일정에 따라 송출	각도 내무부, 부의 내무과, 군(도)의 내무계	○ 관알선 단계 : 조선노무협회 담당

문서 접수 → 수송 관련 부서(철도국 영업과, 부산·여수도항보호사무소)에 협조 요청 →후생성 및 일본 관련 부서에 보고(통보)	내무국 사회과 노무계(1939)→ 노무과(1941) → 후생국 노무과(1941) → 사정국 노무과(1942) → 광공국 노무과(1943) → 근로동원본부 총무부 동원반·광공국 근로동원과(1944) → 광공국 근로부 동원과(~1945.4.16)	○ 관알선 단계 : 조선노무협회 담당
수송 업무 수행 →총독부에 보고	내무국 사회과 노무계(1939)→ 노무과(1941) → 후생국 노무과(1941) → 사정국 노무과(1942) → 광공국 노무과(1943) → 근로동원본부 총무부 동원반·광공국 근로동원과(1944) → 광공국 근로부 동원과(~1945.4.16), 철도국 영업과, 부산·여수도항보호사무소(부산 해항보호사무소), 관련 여행사	○ 할당 모집 단계 : 지역 단위의 집결장소(읍면)에서 일본인 인도자가 인계. 승선항(부산·여수·원산)까지 지역 부·군·도·읍·면청의 관계자와 경찰관이 동행 ○ 관알선 단계 : 부군도府郡島 까지 조선측(군청의 담당자)이 인솔. 그 이후는 기업 '연송인連送人'이 담당. 조선노무협회, 통제 단체 및 동아여행사 개입 – 동아여행사의 업무 : 노무담당부서와 '단체수송신고서(단체명, 출발월일, 발착역, 인원, 숙박, 식사 등 기재)'를 작성하여 철도국에 송달 → '단체수송계획표' 작성해서 각 회사 노무도원에게 송부 → 출발 당일 까지 인솔자와 연락을 취하고 사업장·인솔자명을 기입한 단체 승차권(목적지 까지 사용 가능) 발행 ○ 국민징용단계 : 항구까지만 조선측(군청의 담당자)이 인솔. 그 이후는 기업 '연송인'이 담당
현지 도착	시모노세키 도항자 보호 알선소 등(일본)	○ 목적지 상륙 후에 각 기업의 직원이 동행. 작업장 까지 경찰·열차차장, 관계기관 임원이 동행

이와 같이 중앙의 국 단위에서 지방의 말단 읍과 면 단위까지 담당 직원이 배치되어 동원 업무를 수행했습니다. 여기에 경찰과 철도청 등 관련 부서와 여행사 등이 협력하여 업무가 이루어졌습니다.

당시 조선총독부는 식민지 조선의 실질적인 지배 권력이었고, 법령으로 정해진 조선총독부의 부서에서 인력 동원 업무를 직접 담당했으므로 공권력이 개입된 국가 권력 차원의 업무였습니다.

그림 26 노무자 수송을 위한 도항증명서[재일코리안역사관 도록]

그림 27 다양한 형태의 도항증명서

〈정혜경〉

도움이 되는 글

정혜경, 『일본 제국과 조선인 노무자 공출』, 선인출판사, 2011
정혜경, 『징용 공출 강제연행 강제동원』, 선인출판사, 2013

중요한 낱말 | ★

국민징용령, 할당모집, 관알선, 국민징용, 조선총독부, 노무계

'정신대艇身隊'란 '일본국가[천황]를 위해 솔선해서 몸 바치는 부대'라는 의미로 성별과 관계없이 일제가 인력 동원을 적극적으로 하기 위해 만든 용어입니다. 그러므로 조선여자근로정신대라고 하면, 여성이 동원된 경우를 의미하겠지요.

구체적으로는 "일제에 의해 아시아태평양전쟁 말기 노동력 부족을 충당하기 위하여, 식민지 조선에서 다수의 미성년 여성들을 군수공장으로 동원된 인력"을 의미합니다. 주로 한반도와 일본 본토로 동원되었습니다. 넓은 의미의 조선여자근로정신대 개념입니다.

이 가운데 특히 '여자근로정신대' 방식의 동원은 좁은 의미의 조선여자근로정신대에 해당합니다. '여자근로정신대' 방식의 동원은 여자근로동원 촉진에 관한 건[차관회의 결정, 1943년 9월], 여자정신대제도강화방책요강[1944년 3월], 여자정신근로령[1944년 8월] 등 법령에 의해 실시되었습니다.

위 법령에 의한 '여자근로정신대' 방식의 동원은 1944~45년경, 주로 10대 초중반의 여학생들이 주로 교장 및 담임선생의 지원종용[강제]과 '사기적'인 방법[상급학교 진학 및 높은 임금과 같은 비현실적 조건 제시]으로 동원하였습니다.

동원된 곳은 한반도와 일본 지역의 군수공장으로 알려져 있습니다. 현재 한국정부가 확인해서 공인한 여자근로정신대 방식의 일본 작업장은 도쿄아사이토東京麻絲방적, 미쓰비시三菱중공업, 후지코시不二越강재 등 세 군데입니다.

그림 28 입소하기 위해 일본 아이치현에 있는 나고야 미쓰비시중공업 공장 정문 앞에
선 소녀들[대일항쟁기 강제동원피해조사 및 국외강제동원희생자 등 지원위원회, 「조각난 기억」, 2013]

그림 29 1945년 3월에 회사측(도야마현의 후지코시강재)이 발행한 수첩, '정신대'라는
도장이 선명하다. [대일항쟁기 강제동원피해조사 및 국외강제동원희생자 등 지원위원회, 「조각난 기억」, 2013]

〈 3개 기업 피해 현황 〉

회사명	도쿄아사이토(東京麻絲)방적	미쓰비시(三菱)중공업	후지코시(不二越)강재
작업장	누마즈(沼津)공장	나고야(名古屋)항공기 제작소 도토쿠(道德)공장 오에(大江)공장	도야마(富山)공장
소재지	시즈오카현(靜岡縣) 누마즈시(沼津市) 오카(大岡)	아이치현(愛知縣) 나고야시(名古屋市) 미나토구(港區) 오에정(大江町)	도야마현(富山縣) 도야마시(富山市)
동원 인원	약 300여명으로 추정	*272명(1945년 8월 현재) (1944년 6월 동원시점 당시 300여명으로 추정)	*1,089명 (1945년 5월말 현재) (동원 당시 인원수는 더 많았을 것으로 추정)
공탁자료	71명(3,183엔 28전)	기록 없음	485명(90,325엔 76전) * 남성 포함
현재 확인된 생존자	30명	31명	101명
출처	-『조선인 노동자에 관한 조사결과』('1944년 300명 할당 302명 고용'이라는 기록 존재) -「노무자공탁금 자료」	-「미군전략폭격조사단 보고서」 제16권 「三菱重工業會社」 고용분류표 (宋本文雄, 『司令部偵察機と富山』, 桂書房, 2006, 47쪽에서 재인용)	-『不二越25年史』 (不二越鋼材株式會社, 1953.) -「노무자공탁금 자료」(대일항쟁기위원회 소장)
참고자료	-《每日新報》 1944. 3. 16. 기사 ('싸우는 半島女工, 東京麻絲○○工場 訪問記 - 內鮮一體로 能率倍加, 規律있는 日課 - ② 裁縫과 家事까지 敎授)) -「戰時下朝鮮女性의 勞務動員 - 東京麻絲紡績沼津工場의 女子勤勞挺身隊를 手가리로 て」(小池善之, 『靜岡近代史研究』22, 1996.)	-『證言 從軍慰安婦, 女子勤勞挺身隊』(伊藤孝司, 風媒社, 1992.) -『司令部偵察機と富山』(宋本文雄, 桂書房, 2006.) *《中部日本新聞》 1944.8.14. 기사(勝う日까지お化粧半納, 半島女子挺身隊)	-『후지코시 강제동원 소송기록』1~3 (국사편찬위원회·한일역사공동연구위원회 한국측 위원회 편, 2005.) -「노무자공탁금 자료」(대일항쟁기위원회 소장)

위 3개 기업 외에도 다수의 기업이 한국 소녀들을 여자근로정신대로 동원하였으나 아직 조사하지 못하고 있습니다. 한반도에서는 신문기사와 학적부 등 자료를 통해 평양조병창과 가네가후치鐘淵방

적공장 등 방적공장도 해당 작업장으로 확인했습니다. 추후에 조사를 통해 더 많은 작업장과 관련기업이 밝혀질 것으로 보입니다.

가네가후치 공장은 현재 한국의 주요 면세점과 백화점에서 판매 중인 가네보 화장품 회사인 것은 아시지요? 물론 미쓰비시중공업과 후지코시강재(주)도 현재 일본에서 운영 중인 현존기업입니다.

그림 30 매일신보에 실린 모집 공고[1944년 6월 29일자]

그림 31 근로정신대 지원을 독려 하는 기사[『매일신보』 1945년 2월 15일자]

그림 32 『후지코시강재 25년사』에 실린 소녀들의 노동 실태[김미현, 『직권조사보고서 – 조선여자근로정신대 방식에 의한 노무동원에 관한 조사』, 2008년, 123쪽 재인용]

그림 33 『매일신보』 1944년 4월 19일자

그림 34 후지코시강재에 동원되었다가 해방을 맞아 귀국 길에 오른 소녀들[출처 : 木村秀明, 『進駐軍が寫したフクオカ戰後寫眞集』, 西圖協出版, 1983, 김미현, 『직권조사보고서 – 조선여자근로정신대 방식에 의한 노무동원에 관한 조사』, 2008년, 148쪽 재인용]

〈정혜경〉

도움이 되는 글

勞働行政史刊行會,『勞働行政史』제1권, 1961
김미현,『직권조사보고서 – 조선여자근로정신대 방식에 의한 노무동원에 관한 조사』, 2008
정혜경,『징용 공출 강제연행 강제동원』, 선인출판사, 2013

중요한 낱말 | ★

정신대, 미쓰비시중공업, 후지코시강재, 도쿄아사이토, 노무동원 조선 여성을 노무자로 동원한 사례는 '여자근로정신대' 방식의 동원 외에 1938년부터 할당모집, 관알선, 국민징용 등 다양한 형태가 있으며 미성년자가 다수 포함되어 있습니다. 방적공장 등 군수공장은 물론이고, 탄광이나 광산으로 동원된 여성도 있습니다.

일본은 공장법工場法에 의해 미성년노동이 금지되어 있었습니다. 더구나 어린 소녀에 대한 노동은 불가능했습니다. 전시체제기에 들어서 일본이 법령으로 제정한 동원 연령에서도 아동은 제외되어 있었습니다. 국민징용령國民徵用令에 근거해 징용대상자로 신고하도록 규정한 국민직업능력신고령國民職業能力申告令 기준에 의하면, 16세 이상 40세 미만[1941년]이 징용대상자가 됩니다. 1941년 10월말에 일본 전국에서 실시한 청장년국민등록제도의 등록 대상자는 남 14~40세, 여 16~25세 였으니, 16세 이하의 소녀들은 동원 대상에서 제외되었습니다.

그러나 조선은 일본과 달리 공장법이 적용되지 않는 지역이었으므로 노동력을 확보하기 위해 일본보다 동원연령을 확대 적용했습니다. 한반도내 동원의 대다수를 차지하는 근로보국대의 경우에는 1941년 11월에 남 14~40세 미만, 여 14~25세 미만의 적용 규정이 1943년 12월에 남 14~50세 미만으로, 1944년 11월에는 남 14~60세 까지, 여 14~40세, 배우자가 없는 여성으로 확대되었습니다.

특히 여성노동력동원을 위해 여러 조치를 취했습니다. 조선총독부는 전시체제기 전 시기를 통해 여성의 농촌노동력동원을 강화하고자 했고, 1938년부터 시작된 근로보국대 동원을 계기로 노무분야에서도 여성동원의 비율을 높였습니다. 그 후 1943년 일본에서 여자근로정신대 결성 정책이 결정되자 조선에서도 여자근로정신대를 통한 여성동원을 추진했습니다. 1943년 10월 8일 조선총독부는 여성노동력 동원에 대한 지시를 포함한 '생산증강노무강화대책요강生産增强勞務强化對策要綱'을 결정했습니다. 이에 따라, "신규학교 졸업생 및 연령 14세 이상의 미혼자 등의 전면적 동원체제 확립"등이 하달되었습니다.

그림 35 토건공사장에 동원된 여성들[박도, 『일제강점기 : 1910~1945』, 눈빛, 2010]

그림 36 깃발을 앞세우고 토목공
사장으로 향하는 여성들[박도, 『일제
강점기 : 1910~1945』, 눈빛, 2010]

그림 37 수풍댐공사장에 동원된 여성
들[박도, 『일제강점기 : 1910~1945』, 눈빛, 2010]

그 후 신문 등을 통해 여성 노동력 동원이 강조되었고, 경성부 사정국査定局 노무과장이 구체적인 동원 대상[초등학교, 여학교 또는 여자 전문학교 출신자로서 연령 14세 이상 미혼여성과 아직 자녀가 없고 여가가 있는 여성 또는 관공청 기타 상점, 회사의 정리로 말미암아 생기는 여직원]을 제시하기도 했습니다.

그러나 실제로는 이 보다 어린 소녀들을 동원했습니다. 1944년 근로정신대동원법령[여자정신근로령, 1944.8.23. 만 12세 이상 40세 미만]이 적용되기 이전에는 각종 동원관련 법령에서도 일본으로 동원되는 경우보다 연령의 하한선이 더욱 낮았습니다. 방적공장의 경우에는 평균연령이 12.4세로 법적으로 제시된 기준[14세]보다 낮았고, 10세 이하 아동이 18.9%를 달할 정도였습니다.

1944년부터 실시한 여자근로정신대 단위의 동원은 이러한 미성년 소녀에 대한 노동력 착취를 합법화한 조치였습니다. 미성년 아동이 군수공장에 동원됨으로써 가혹행위와 노동착취가 심화되었습니다. 노무자들이 사용하는 기계나 설비가 모두 성인에 맞추어진 것이었고, 아동들이 성인과 같은 노동 조건[노동시간, 노동 강도]을 견딜 수 없었음은 자명합니다. 그러므로 부상이나 사망 등 피해가 더 심했습니다. 이러한 비인도적인 노동력 착취를 일본 정부와 기업이 직접 주도했음은 물론입니다.

〈정혜경〉

도움이 되는 글

勞働行政史刊行會,『勞働行政史』제1권, 1961
김미현,『직권조사보고서 – 조선여자근로정신대 방식에 의한 노무동
원에 관한 조사』, 2008
박도, 『일제강점기 : 1910~1945』, 눈빛, 2010
최석로,『사진으로 보는 독립운동(하)』, 서문당, 2011
정혜경,『징용 공출 강제연행 강제동원』, 선인출판사, 2013
정혜경,『봄날은 간다』, 선인출판사, 2013

중요한 낱말 | ★

근로보국대, 여자근로정신대, 공장법, 국민징용령

　일본이 만주사변[1931.9.18]을 일으킨 후부터 아시아태평양전쟁
에서 패전한 1945년까지 "전쟁을 효율적으로 수행하기 위해서"라
는 명목으로 설치한 '위안소'에 강제동원되어 일본군의 성노예性奴
隷 생활을 강요당한 여성을 지칭합니다. 피해자에는 당시 식민지
조선여성은 물론 타이완, 중국, 동남아 및 태평양 현지 여성과 동
남아 및 태평양에 거주하던 유럽인 등 다양한 인종人種이 포함되
어 있습니다.

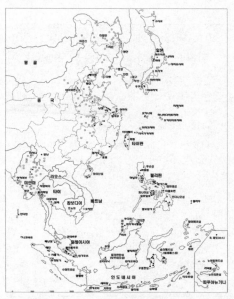

그림 38 지역별 '위안소' 분포도[국무총리소속 대일항쟁기 강제동원피해조사 및 국외강제동원희생자 등
지원위원회,『들리나요 – 열두소녀 이야기』, 2013]

문헌과 증언 속에서는 작부酌婦, 특수부녀, 추업부醜業婦, 예기藝妓, 창기娼妓, 여급女給 등의 호칭으로 나타나고 위안소도 육군오락소, 구락부, 군인회관, 조선요리옥 등의 호칭으로 불렸습니다.

동원 및 수송, 성노예생활 강요 등은 모두 일본 공권력이 관여했으므로 피해자는 물론, 한국정부와 국제사회가 일본정부에게 진상규명과 배상의 책임을 지도록 요구하고 있습니다.

일본정부도 정부책임을 인정하고 1993년에 고노 담화를 발표했습니다. 고노 담화에서 당시 '위안부' 동원이 본인의 의사에 반해 이루어졌고, 관헌이 직접 가담했음을 인정했습니다. 물론 고노 담화내용에 나오는 '정부'나 '우리나라'는 '일본정부'와 '일본'을 의미합니다.

[고노 담화 : 1993.8.4 고노 요헤이 관방장관이 발표한 위안부 관계 조사 결과를 담은 담화]

이른바 일본군 위안부 문제에 대해 정부는 재작년 12월부터 조사를 진행해 왔으나, 이번에 그 결과가 정리되었으므로 발표하기로 하였다. 이번 조사 결과, 장기간에, 또한 광범한 지역에 걸쳐 위안소가 설치되어 수많은 '위안부'가 존재했다는 것이 인정되었다. 위안소는 당시의 군 당국의 요청에 의해 설영設營된 것이며, 위안소의 설치, 관리 및 위안부의 이송에 관해서는 구 일본군이 직접 혹은 간접적으로 이에 관여하였다. 위안부의 모집에 대해서는, 군의 요청을 받은 업자가 주로 이를 맡았으나, 그 경우에도 감언, 강압에 의하는 등, 본인들의 의사에 반하여 모집된 사례가 많이 있으며, 더욱이 관헌 등이 직접 이에 가담하였다는 것이 명확하게 되었다. 또한 위안소에서 생활은 강제적인 상태 하에서 참혹한 것이었다.

또한, 전장에 이송된 '위안부'의 출신지는, 일본을 제외하면 조선반도

가 큰 비중을 차지하고 있었으나, 당시 조선반도는 일본의 통치 하에 있어, 그 모집, 이송, 관리 등도 감언과 강압에 의하는 등, 대체로 본인들의 의사에 반해 행하여졌다.

결국, 본 건은 당시 군의 관여 하에서 다수 여성의 명예와 존엄에 깊은 상처를 준 문제이다. 정부는 이 기회에, 다시금 그 출신지의 여하를 묻지 않고 이른바 종군위안부로서 허다한 고통을 경험당하고 심신에 걸쳐 씻기 어려운 상처를 입은 모든 분들께 사과와 반성의 마음을 올린다. 또한, 그런 마음을 우리나라로서 어떻게 나타낼 것인가에 대해서는, 유식자有識者의 의견 등도 구하면서 앞으로도 진지하게 검토해야 할 것으로 생각한다.

우리는 이런 역사의 사실을 회피하지 않고 오히려 이것을 역사의 교훈으로서 직시해 가고 싶다. 우리는 역사 연구, 역사 교육을 통해 이런 문제를 오랫동안 기억에 남기며, 같은 과오를 결코 반복하지 않겠다는 굳은 결의를 다시금 표현한다.

또한, 본 문제에 대해서는, 본국에서 소송이 제기되어 있으며, 또한 국제적으로도 관심이 모여 있으며, 정부로서도 앞으로도 민간의 연구를 포함해 충분히 관심을 기울여 가고 싶다.

〈정혜경〉

도움이 되는 글

강정숙, 「일본군 '위안부'제의 식민성 연구 : 조선인 '위안부'를 중심으로」, 성균관대학교 대학원 사학과 박사학위논문, 2010

정혜경, 『징용 공출 강제연행 강제동원』, 선인출판사, 2013

요시미 요시아키 저, 남상구 번역, 『일본군'위안부' 그 역사의 진실』, 역사공간, 2013

국무총리소속 대일항쟁기 강제동원피해조사 및 국외강제동원희생자 등 지원위원회, 『들리나요 - 열두소녀 이야기』, 2013

중요한 낱말 ┃ ★

위안소, 만주사변, 상하이上海, 일본군, 성노예

두 용어用語 모두 일본군'위안부'피해자에 대한 적절한 명칭이
아닙니다.

1990년대 초반 일본군'위안부' 문제가 본격적으로 사회에 알려
졌을 때는 '정신대艇身隊'라는 용어가 널리 사용되었습니다. 정신대
란 "일본국가[천황]를 위해 솔선해서 몸 바치는 부대"라는 의미로 성
별이나 연령과 관계없이 일제가 인력 동원을 적극적으로 실시하기
위해 만든 용어입니다.

그러나 당시에 '위안부'로 데려간다고 하면, 나설 사람이 없으므
로 당국에서는 포괄적인 개념인'정신대'라는 용어를 사용했습니다.
그래서 조선 사회에는 '정신대=위안부'로 잘못 알려지게 된 것입니
다. 이후 연구를 통해 당시 사용되었던 용어와 가까운 '일본군위안
부'라는 용어가 정착되었습니다.

그런데 일본군'위안부'문제 관련 시민단체나 연구소[한국정신대문
제대책협의회, 한국정신대연구소]가 지금도 '정신대'라는 단어를 단체명에
넣어서 사용하고 있습니다. 안타깝게도 이로 인해 불필요한 오해
가 일어나거나 왜곡된 인식이 사회에 확산되는 경우도 있습니다.
여자근로정신대 피해자들이 한국 사회에서 경험하는 2차 피해가
해당됩니다. 시급히 개선되어야 할 문제라고 생각합니다.

1990년대 일본에서는 '종군위안부'라는 용어가 사용되어 지금
에 이르고 있습니다. 한국에서도 언론에서 자주 들을 수 있는 명칭
입니다. 그러나 '종군'이란 말은 '종군 기자'나 '종군 간호사'처럼 자

기 의사에 의해 군을 따랐다는 의미가 내포되어 있습니다. 그러므로 강제로 동원된 일본군'위안부'피해자들에게 사용한다면, 일본 정부의 책임을 은폐시키게 되겠지요. 현재 피해자와 시민단체가 이 명칭에 대해 거부감을 보이는 이유입니다.

▶ 그렇다면, 일본군'위안부' 성격에 맞는 명칭은 무엇인가요?

한국의 시민단체가 국제사회에 일본군'위안부'문제를 처음 제기하였을 당시에는 '위안부'라는 단어를 직역한 'comfort women'을 사용하기도 했습니다. 그러나 현재 UN을 비롯한 국제사회에서는 '성노예military sex slave'와 '군대 성노예제도military sexual slavery'라는 용어를 주로 사용하고 있습니다. 2012년에 힐러리 클린턴 미 국무장관도 성노예를 사용했습니다. 1996년 UN인권위원회에 제출된 라디카 쿠마라스와미Radhika Coomaraswamy보고서에서도 명확하게 '전시하 군대 성노예제military sexual slavery in wartime'로 규정했습니다.

국제사회에서 '군대 성노예제'라는 용어를 채택한 이유는 일본군'위안부'문제가 사적인 영역에서 발생하는 계약에 의해 이루어진 매춘의 성격이나 국가를 위한 국민의 자발적인 희생으로 설명될 수 있는 문제가 아니라는 사실이 널리 인식되었기 때문입니다.

그러나 현재 한국 사회에서는 '성노예'라는 용어보다 일본군'위안부'라는 명칭을 널리 사용하고 있습니다. 학계에서도 '일본군위안부'나 '일본군위안부피해'로 사용하고 있고, 한국 국회가 제정한 특별법[대일항쟁기 강제동원피해조사 및 국외강제동원희생자등 지원에 관한 특별법]에서도 '위안부'라는 용어를 사용하고 있습니다. 그 이유는 '위안부'가 문제의 본질을 드러내기에 충분하지 않지만, 일제가 당시 위안부라는 용어를 만들어가며 제도화했던 당대 특수한 분위기를 전달해준다는 점과 생존피해자들 자신이 '성노예'로 불리는 것을 원치 않기 때문입니다.

〈정혜경〉

도움이 되는 글

국무총리소속 대일항쟁기 강제동원피해조사 및 국외강제동원희생자 등 지원위원회,『들리나요 – 열두소녀 이야기』, 2013

중요한 낱말 ┃ ★

정신대, 위안부, 성노예, 종군위안부, 일본군위안부

일본군 당국은 위안소慰安所를 경영할 업자를 선정하고, 일본군과 경찰이 동원과정에 협조했습니다. 업자들은 모집인을 이용하거나 자신들이 직접 나서서 여성들에게 접근했습니다.

이 과정에서 세 가지 방법-취업사기, 협박 및 폭력에 의한 동원, 인신매매 및 유괴-이 모두 사용되었습니다. 취직이나 돈벌이를 미끼로 여성들을 끌어 모으거나 협박과 폭력을 사용하기도 하고, 납치하는 경우도 있었습니다. 일본이 아시아태평양전쟁을 수행하는데 '위안부'가 필요하다는 일본군의 요구가 연약한 여성에 대한 물리적 폭력을 허용한 것입니다.

물론 당국이 가장 많이 사용한 방법은 취업사기입니다. "공장에 취직시켜 주겠다." "많은 돈을 벌 수 있게 해주겠다"고 속여 여성들을 동원하는 방식입니다. 물리적 폭력에는 많은 부작용이 뒤 따르게 되므로 취업 사기 방법을 가장 많이 사용했습니다.

그림 39 강도아 할머니가 동원되었던 타이완 소재 위안소[대일항쟁기위원회, 『일본군'위안부'피해 구술기록집 - 들리나요』, 2013]

그림 40 중국 운남성 소재 위안소[대일항쟁기위원회, 『일본군'위안부'피해 구술기록집 - 들리나요』, 2013]

일본군이 내건 '위안부 모집' 신문 광고도 확인되지만 근무 내용은 분명하게 나타나있지 않습니다. 당시 조선인들의 신문 구독 수준이나 여성의 문자 해독율 등을 고려할 때 조선 여성들이 직접 모집 광고를 보고 응모할 가능성은 없었다고 보입니다. 아마 광고의 용도는 업자나 모집인을 구하려는 것이었겠지요.

〈정혜경〉

도움이 되는 글

강정숙, 「일본군 '위안부'제의 식민성 연구 : 조선인 '위안부'를 중심으로」, 성균관대학교 대학원 사학과 박사학위논문, 2010
국무총리소속 대일항쟁기위원회 강제동원피해조사 및 국외강제동원 희생자 등 지원위원회, 『일본군위안부피해 구술기록집 - 들리나요』, 2013
정혜경, 『징용 공출 강제연행 강제동원』, 선인출판사, 2013
요시미 요시아키 저, 남상구 번역, 『일본군'위안부' 그 역사의 진실』, 역사공간, 2013,

중요한 낱말 | ★

위안소, 위안부, 아시아태평양전쟁

일제시기에 조선인이 한반도를 떠나 배를 타고 일본으로 나가려면 '도항증명서'가 있어야 했습니다. 일종의 '여권'과 같은 것입니다. 물론 도항증명서를 발급받으려면 까다로운 절차가 필요했습니다.

'위안부'피해자도 마찬가지였습니다. 수속에 필요한 절차는 모집인이 공권력의 협조를 받아 도맡았습니다. 이 과정에서 호적이 위조되는 일도 있었습니다.

1941년 12월 일본이 하와이 진주만을 공격한 태평양전쟁이 일어나기 전에는 '도항증명서'를 받아 국외 위안소로 이동했습니다. 그러나 태평양전쟁 발발 이후에는 도항증명서가 아닌 '군軍증명서'를 발급받아 수송했습니다. 군 증명서는 모집인이나 인솔자가 소지했으며, 일본군은 이동에 필요한 각종 편의를 제공했습니다.

〈정혜경〉

도움이 되는 글

강정숙, 「일본군 '위안부'제의 식민성 연구 : 조선인 '위안부'를 중심으로」, 성균관대학교 대학원 사학과 박사학위논문, 2010
정혜경, 『징용 공출 강제연행 강제동원』, 선인출판사, 2013
요시미 요시아키 저, 남상구 번역, 『일본군'위안부' 그 역사의 진실』, 역사공간, 2013

중요한 낱말 | ★

위안소, 위안부, 아시아태평양전쟁

군무원은 현대 용어입니다. 당시에는 군속軍屬이나 군부軍夫라 불렀고, 법률상 용어는 군속이었습니다.

군속의 사전적 의미를 보면, "'군요원軍務員'의 구 용어로서 육·해군에 종속하는 문관, 문관대우자, 고원·용인 등 '군속선서' 또는 '군속독법'에 의해 복무하는 일체를 총칭한다. 군대 구성원으로 육해군에 복무하는 군인[장교, 하사관, 병]이외의 자를 군속이라 총칭한다. 육해군문관, 동등 대우자[고등관 대우 법무관 시보, 판임관 대우], 감옥간수 및 선서를 하고 육해군에 군무하는 자를 말하며 준 군인으로 군사법제 하에서 군무에 복무한다."고 되어 있습니다.

사전적 의미는 복잡하지만 한마디로 군軍에 동원된 민간인民間人이라는 의미이지요. 규정은 있지만 실제로 군속선서를 한 군무원은 없었을 것입니다.

군무원의 구성을 보면 간단하지 않습니다. 동원 경로도 다양하고, 동원지역에 따라 동원 방식도 일관성을 유지하지 않았습니다.

국민징용령에 의해 동원된 피징용자가 사망 후 '군속 명단'에 등재되는 것은 일반적이고, 할당모집에 의해 일본기업이 관리하고 있던 노무자가 사후에 '군속 명단'에 오르기도 했습니다. 이러한 혼란은 일본 당국이 군무원 관리를 체계적으로 하지 않고, 상황에 따라하거나 원호를 고려해서 '처리'했기 때문입니다. 노무자로 사망하는 것 보다 군무원으로 사망을 하면 원호금을 많이 받을 수 있도록 되어 있다 보니 노무자와 군무원의 구별을 하지 않은 것인데요. 일본이 패전해서 원호금을 받지 못했으니 아무 의미가 없게 되었습니다.

군무원이 하는 일로 구분을 해 보면, 크게 군노무자軍勞務者[군에 소속된 노무자]와 기타 군요원軍要員으로 나눌 수 있습니다.

군노무자는 군무원 가운데 다수를 차지하는데 '군부'라 칭하기도 하고 고원雇員이나 용인傭人이라 불리기도 했습니다. 기타 군요원은 문관, 운전수, 간호부, 포로감시원 등 인데요. 이 가운데 군노무자와 가장 큰 차이를 보이는 업무종사자는 포로감시원입니다.

군무원이 동원되는 경로經路는 세 가지입니다. 각종 법령[해군징용공원규칙, 국민징용령, 육군군속선원취급요령, 군수회사징용규칙, 선원징용령, 의료관계자징용령 등]에 의한 동원과 현지 지휘관의 판단에 따른 차출 및 신분 전환의 방식이 적용되었습니다.

후방에서는 각종 법령에 의한 동원이 적용되었지만, 후방에서는 변수가 작용했으므로 동원 경로도 일관되지 않았습니다. 전방의 하나였던 사이판을 보면, 척식회사였던 남양흥발(주)는 1944년 4월 1일 현지 주둔군과 전력증강과 병참식량 확보에 관한 군민협정軍民協定[일명 矢野-小原협정]을 체결해 회사 소속 노무자를 군무원으로 동원했습니다. 사이판 인근의 섬인 로타의 경우에도 "1944년 6월 이후 16세 이상의 군적軍籍에 없는 남자를 징용徵用하여 주로 육군부대에 편입"하고 사망자는 '군속'으로 취급했습니다. 이런 사례는 무수히 많습니다.

▶ 군노무자는 언제부터 동원되었을까요?

문헌사료에 나타난 가장 이른 시기의 군노무자 동원 사례는 해군의 작업애국단作業愛國團입니다. 해군의 작업애국단은 특별 편성된 군무원인데, 해군징용공원규칙[1940.11.19., 총 15개 조항]을 근거로 동원했습니다. 해군징용공원규칙은 국민징용령에 근거한 규칙입니다.

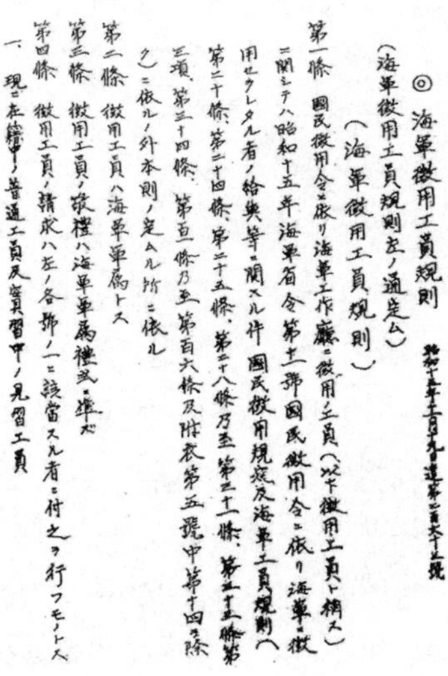
◎海軍徵用工員規則　昭和十五年十一月十九日達第二百六十五號
(海軍徵用工員規則左ノ通定ム)
(海軍徵用工員規則)
第一條　國民徵用令ニ依リ海軍工作廳ニ徵用ノ工員(以下徵用工員ト稱ス)ニ關シテハ昭和十五年海軍省令第十一號國民徵用令ニ依リ海軍ニ徵用セラレタル者ノ給與等ニ關スル件 國民徵用規程及海軍工員規則(第二十條、第二十四條、第二十五條、第二十八條乃至第三十一條、第五十五條第三項、第三十四條、第百一條乃至第百六條及附表第五號中第十四條ヲ除ク)ニ依ルノ外本則ノ定ムル所ニ依ル
第二條　徵用工員ハ海軍軍屬トス
第三條　徵用工員ノ服裝ハ海軍軍屬服裝ニ準ズ
第四條　徵用工員ノ請求ハ左ノ各號ノ一ニ該當スル者ニ付之ヲ行フモノトス
一、現ニ在籍中ノ普通工員及實習中ノ見習工員

그림 41 해군징용공원규칙 일부[樋口雄一 편 『戰時下朝鮮人勞務動員基礎資料集』2, 綠蔭書房, 2000년, 279쪽, 수록 자료]

충남 내무부장이 관할 부윤과 군수에 보낸 공문[忠南秘제1호. 1942년 1월 5일자] 「해군공원의 징용방법에 관한 건」에 의하면, 징용공원을 공출하는 방법[신체검사 및 전형에 소요비용]은 국민징용령 제10조에 의거한다고 규정되어 있습니다. 그러므로 국민징용=해군징용이고 작업애국단도 국민징용 된 사람이 되겠지요.

해군의 작업애국단은 1941년 12월 8일에 남방南方 경영지의 기지 설영設營을 목적으로 파견이 결정되어 1942년에는 현지에서 작

업이 시작되었습니다. 이들에 대한 계약기간은 2년이었고 일본 국
내와 한반도에서 모집했습니다.

군무원 동원		계
일본	7,213	
조선	15,112	
만주	3,852	63,312
중국	735	
남방	36,400	

군무원의 통계를 보면 63,312명에 불과합니다. 그 이유는 국
민징용령에 의한 숫자는 포함하지 않았기 때문이지요. 한반도의
국민징용 303,824명과 일본 지역의 국민징용 202,217명 등 총
526,041명도 군무원과 같은 성격이니 합산해보면, 규모를 파악
할 수 있습니다.

그림 42 사세보진수부가 발행한 해군군무원 채
용증서[대일항쟁기 강제동원피해조사 및 국외강제동원희생자
등 지원위원회, 『조각난 기억』, 2013]

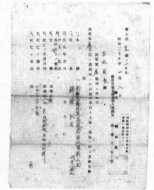

그림 43 해군군무원의 전사통지서[대일항쟁기 강
제동원피해조사 및 국외강제동원희생자 등 지원위원회, 『조각
난 기억』, 2013]

〈정혜경〉

도움이 되는 글

심재욱, 「'공원명표'를 통해 본 전시체제기 구일본육군조병창의 조선인 군속 동원」, 『한국민족운동사연구』66, 2011
정혜경·김명환, 今泉裕美子, 방일권, 심재욱, 조선, 『강제동원을 말한다 : 명부편2, 제국의 끝자락까지』, 선인출판사, 2012
심재욱, 「구일본해군 조선인 군속 관련 자료(2009)의 미시적 분석」, 『한일민족문제연구』24, 2013
정혜경, 『징용 공출 강제연행 강제동원』, 선인출판사, 2013
국무총리 소속 대일항쟁기 강제동원피해조사 및 국외강제동원희생자 등 지원위원회, 『2013 학술연구 용역보고서 – 일제강제동원 동원규모 등에 관한 용역』

중요한 낱말 | ★

군부, 군노무자, 국민징용령, 작업애국단, 징용공원

군인동원은 일본정부의 법령[국가총동원법, 육군특별지원병령, 개정 병역법 등]에 의해 영장을 받고 일본군에 동원된 인력으로써 지원병과 징병으로 대별됩니다.

군인은 무기를 소지하므로 민간인인 노무자 송출과 달리 매우 민감하고 조심스러운 문제였습니다. 일본 당국은 이 점에 대해 일찍부터 고민을 거듭했지만 일본 정부와 군부는 각기 의견을 달리 했습니다.

먼저 당시 일본 정부는 전쟁이 일어나면 전쟁 인력이 필요하다는 예상을 했다. 만약 조선 청년을 동원하게 된다면 이에 대한 준비도 해두어야 했습니다. 게다가 조선인이 참전해서 일본인과 동등한 권리를 요구해야 한다는 조선인들의 움직임도 있었습니다. 현영섭玄永燮이나 이광수李光洙 등 소위 친일파라 불리는 사람들입니다. '적극협력자'나 '내선일체론자'라고도 합니다.

조선을 통치해야 하는 당국으로서는 이러한 요구에 대해 수수방관만 할 수는 없었습니다. 그래서 추진한 것이 황민화 교육의 강화이고, 교육 제도의 개정입니다. 언제든지 군인으로 끌고 갈수 있도록 모든 조선 청년들에게 기본 교육을 시키는 것이 교육법 개정의 목적입니다. 전쟁터에서 일본군에게 총구를 겨누지 않게 하려면 황민화 교육을 강화해서 조선인 스스로가 일본인으로 인식하도록 세뇌하는 것입니다.

물론 군부도 전쟁이 일어나면 전쟁 인력이 필요하다고 예상했습니다. 그러나 조선인 징병 문제는 민감해서 동의하기가 어려웠습니다. 만주사변을 일으킨 후 군부에서는 "조선인이 우리 등 뒤에서 총을 겨누게 하려는 것인가" 하고 반발하기도 했습니다. 군부 문서에 따르면, 조선인에게 교육을 해서 전쟁터에 끌고 갈 수 있을 정도의 '충량한 일본인'으로 만드는 데 걸리는 기간은 50년이라고 판단했습니다.

그러다가 중일전쟁이 일어나자 상황은 변합니다. 전선이 확대되고 교착상태에 빠지자 병사가 필요했고, 식민지 청년들을 군인으로 동원하는 것이 불가피했습니다. 그렇다고 징병제도를 통해 대규모 인원을 동원하는 것은 여러 가지로 어려움이 있었습니다. 일단 권리를 요구하고 나올 염려가 있었습니다. 또한 조선의 행정체계가 미비했습니다. 지금처럼 주민등록제도가 있었던 것도 아니고, 컴퓨터로 인적 사항이 관리되는 것도 아니었기 때문입니다. 대규모 동원을 하기에는 보완해야 할 점이 많았습니다. 그래서 나온 방안이 지원병 제도입니다. 지원병은 육군특별지원병·해군특별지원병과 학도지원병으로 나눌 수 있습니다.

구분		계
육군특별지원병	16,830	
학도지원병	3,893	209,279
육군 징병	166,257	
해군(지원병 포함)	22,299	

그림 44 지원병 입소행사
후[대일항쟁기 강제동원피해조사
및 국외강제동원희생자 등 지원위
원회, 「조각난 기억」, 2013]

그림 45 연병장에 도열한
조선 청년들[대일항쟁기 강제
동원피해조사 및 국외강제동원희
생자 등 지원위원회, 「조각난 기억」,
2013]

〈정혜경〉

도움이 되는 글

표영수, 「일제강점기 조선인 지원병제도 연구」, 숭실대학교 대학원 사
학과 박사학위논문, 2008
정혜경, 『징용 공출 강제연행 강제동원』, 선인출판사, 2013

중요한 낱말 | ★

중일전쟁, 육군특별지원병, 해군특별지원병, 학도지원병

지원병은 크게 육군특별지원병·해군특별지원병과 학도지원병으로 구성되었습니다.

이 가운데 먼저 육군특별지원병·해군특별지원병의 연혁을 살펴보면 아래 표와 같습니다.

구분	주요 연혁
육군 특별 지원병	- 1937.6. : 조선군사령부, '조선인 지원병 제도에 관한 의견' 제출. 내용은 '조선인에게 황국의식을 확실히 갖게 하고 또한 장래의 병역문제 해결을 위한 시험적인 제도로서 조선인 장정을 지원에 의해 현역에 복무시키는 제도 실시' 제안 - 1938.2.22. : 육군특별지원병령(직령 제95호) 공포. 4.3. 시행. - 1938.3.30. : 육군특별지원병령 시행규칙 공포(육군성령 제11호) - 제도 내용 : 보통학교 졸업(이와 동등 자격자) 이상 학력 소지자로서 17세 이상인 조선인 남자 가운데 지원에 의해 전형 후 육군 현역 또는 제1보충역으로 입영. 6개월 이상 지원병훈련소에서 예비교육을 마친 후 일본군대에 입대 - 1938.3.30. : 조선총독부육군지원병지원자훈련소 관제 제정(책령 156호) - 1938.6.15. : 임시훈련소 설치(경성제국대). 9.5. 이전(경기도 양주군 노해면 공덕리) - 1938.4.10. : 1938년도 전기 지원병지원자 신청 접수 마감 - 1944.10.14. : 육군특별지원병령 개정. 병역에 복무하지 않는 자 가운데 지원자에 한해 전형 후 일본군대 입영하거나 17세 미만자로서 지원 후 제2국민역에 복무하게 하는 내용
해군 특별 지원병	- 1943.5.11. : 일본 각의, 조선에 해군특별지원병제 실시를 결정 - 1943.7.28. : 해군특별지원병령, 해군특별지원병령 시행규칙 제정. 8.1. 시행 - 응모 자격 : 16~21세 미만 초급학교 초등과 수료 이상 - 조선총독부 해군병 지원자 훈련소 과정(6개월)을 거친 후 입영 - 채용 병과 : 수병, 정비병, 기관병, 위생병, 주계병 - 1943.10.1. : 제1기 응모자, 해군지원병훈련소 입소(진해). 4.1. 해병단 입대 - 1944.5.9. : 해군지원령 중 개정안이 공포 시행. 해군병 징모제로 변경

지원병은 '지원병'이라는 용어 의미와 달리, 자유 의사에 따른

지원으로 이루어지지 못했습니다. 당국은 각도별로 할당 인원을 책정하고, 경찰력을 동원해 선전과 회유, 종용활동에 적극 나섰습니다. 국민정신총동원연맹이나 국민정신총력연맹 등 관변단체도 행정기관의 지원을 받아 하부기관인 애국반을 동원해 군과 면을 통한 대대적인 모집에 나섰습니다. 이들이 지원을 독려한 대상은 주로 가정형편이 어렵다거나 주재소나 소방서에서 임시 직원으로 일하는 사람 등 거절하기 어려운 상황에 놓인 사람들이 많았습니다. '지원'을 앞세운 강압이나 회유책이 작용한 경우도 많았습니다. 지원병은 2년 기한이었으므로 돌아온 후 특혜를 준다거나 가족에 대한 '대우'도 좋은 미끼였습니다. 특히 가정형편이 어려운 이들에게 군인 봉급 자체는 큰 수입이었고, 제대 후에 일자리가 제공될 것이라는 기대는 아주 큰 유혹이었습니다.

육군특별지원병의 지원 및 입대현황을 보면, 지원병 제도의 성격을 짐작할 수 있습니다. 1938년부터 1943년간 지원자 수는 802,047명인데, 훈련소 입소자는 17,664명에 불과합니다. 이 가운데 입소자는 16,830명입니다. 지원자의 2.2%만이 훈련소에 입소했고, 2.09%만이 입소했습니다. 이런 차이가 발생하게 된 이유는 '성과 과시를 위한 관청의 지원 종용 및 강요, 자격 미달자 응모, 할당' 등을 들 수 있습니다.

육군특별지원병 입대 상황

연도	지원자 수	입소자 수	입대자 수
1938	2,946	406	400
1939	12,348	613	600
1940	84,443	3,060	3,000
1941	144,743	3,208	3,000
1942	254,273	4,077(?)	4,500
1943	303,294	6,300	5,330

자료 : 近藤釰一 編 『太平洋戰下の朝鮮及び臺灣』(1944년 7월 내무성 작성)

그림 46 지원병으로 동원되기 전에 당국이 개최한 출영 행사
[국무총리 소속 일제강점하 강제동원피해진상규명위원회, 2007 전시회 도록]

그림 47 지원병으로 동원되기 전에 신사참배
[국무총리 소속 일제강점하 강제동원피해진상규명위원회, 2007 전시회 도록]

그림 48 신체검사[국무총리 소속 일제강점하 강제동원피해진상규명위원회, 2007 전시회 도록]

그림 49 지원병 훈련소 깃대 [대일항쟁기 강제동원 피해조사 및 국외 강제동원 희생자 등 지원위원회, 『조각난 기억』, 2013]

〈정혜경〉

도움이 되는 글

近藤釗一 編, 『太平洋戰下の朝鮮及び臺灣』(1944년 7월 내무성 작성)
표영수, 「일제강점기 조선인 지원병제도 연구」, 숭실대학교 대학원 사학과 박사학위논문, 2008
정혜경, 『조선청년이여 황국신민이 되어라』, 서해문집, 2010
정혜경, 『징용 공출 강제연행 강제동원』, 선인출판사, 2013

중요한 낱말 | ★

지원병, 훈련소, 국민정신총동원연맹, 국민총력연맹, 애국반

지원병제도의 마지막은 학도지원병의 몫이었습니다. 학도지원병은 그간 입영이 연기되었던 전문학교 이상 졸업자를 대상으로 한 군인동원 제도입니다. 간략한 연혁을 살펴봅니다.

구분	주요 연혁
학도지원병	– 1943.10.20. : 육군특별지원병 임시채용 규칙(육군성령 제48호) 공포. 이를 근거로 '육군특별지원병 임시채용규칙' 개정(육군성령 제53호)과 '수학 계속을 위한 입영 연기 등에 관한 건'(육군성령 제54호) 제정 공포 – 1943.10.25.~11.20 지원서 접수 – 1943.12.11. : 징병검사 실시, 1944.1.20. 입영

당국은 적격자 100% 지원을 목표로 각종 방법을 동원했습니다. 유학지인 일본은 물론, 부관연락선과 항구 등지에서 대대적인 미지원자에 대한 색출작업을 벌였습니다. 지원을 피해 고향으로 돌아오던 조선 청년들은 여지없이 연락선 안에 마련된 사무실에서 지원서에 도장을 찍어야 했습니다. 학교를 떠나 잠적한 청년들에게는 가족에게 위해를 가하는 방법을 사용했습니다. "지원하지 않으면 남양 등지에 징용해서 출병보다 더 생명의 보장이 없는 곳으로 처리해버린다"는 소문을 퍼뜨려 불안한 상황을 조장했습니다. 이런 당국의 노력으로 조선의 전문대학 재학생의 96%가 지원서에 서명했습니다. 당국은 대상자를 졸업생으로 확대해 졸업 후 취업자 가운데 335명도 지원을 피할 수 없었습니다.

1943년 11월 21일 학도지원병 모집이 마감되었을 때 지원에 응하지 않아 '학도징용'이나 '응징학도'라는 이름으로 징용된 청년들도 있었습니다.

조선인 학도지원병 가운데 30%는 자살특공대로 동원되는 비극을 겪었습니다.

〈정혜경〉

도움이 되는 글

표영수, 「일제강점기 조선인 지원병제도 연구」, 숭실대학교 대학원 사학과 박사학위논문, 2008
정혜경, 『조선청년이여 황국신민이 되어라』, 서해문집, 2010
정혜경, 『징용 공출 강제연행 강제동원』, 선인출판사, 2013

중요한 낱말 | ★

지원병, 자살특공대, 가미카제

1943년 10월 일본당국은 학도지원병제도 시행을 결정한 후 적
격자 100% 지원을 목표로 각종 방법을 동원했습니다. 그러나 당
국의 꼼꼼한 색출과 가족 압박에도 수백 명이 지원을 거부하고 징
용령장을 받았습니다. 1943년 11월 21일 학도지원병 모집이 마
감되자, 이튿날 오노大野 학무국장은 "학도지원병 총 해당 학생 중
1할의 미지원자와 9월 문과 졸업생으로서 뚜렷한 직업이 없는 자"
가 지원하지 않았음을 밝히고, "미참여자는 국가총동원법에 의해
단호히 처벌할 것"이라 발표했습니다. 그리고 11월 28일 징용령
이 도지사 명의로 내려져 30일 이내에 미지원자 본인에게 전달되
었습니다.

그림 50 『매일신보』 1943.11.22일자

그림 51 『매일신보』 1943.11.22일자

이들은 당국의 검거망을 피하지 못하고 피체되어 12월 5일부터 경기도 양주군 노해면 공덕리에 있던 육군지원병훈련소에 수용되기 시작했습니다. 2주간의 훈련을 거친 후 '응징학도' '학도징용'이라는 이름으로 국내 각 작업장에서 노역을 해야 했습니다. 이들은 "황국신민으로서 자질이 부족하다"며 훈련기간 동안에 군사훈련과 사상교육을 집중적으로 받았습니다. 사상교육에서 강연자인 친일인사에게 "너희는 병역을 기피했으므로 천황폐하의 쌀을 먹을 자격이 없다"는 소리를 듣기도 했습니다.

1944년 일본 제국의회 자료에 언급된 징용학도의 규모는 125명입니다. 그러나 한국정부[위원회]는 적어도 400명 이상으로 추산했습니다. 학도병을 거부한 청년들은 황해도 해주의 오노다 시멘트 공장이나 조선총독부 소속 채석장, 조선총독부 교통국 소속 철도공사장 등에 동원되었습니다. 동원 작업장에서는 이들이 일반 노무자들에게 사상적 악영향을 미칠 것을 우려해 별도 관리했습니다. 오노다시멘트 회사가 남긴 자료에 의하면, 하루 교육 일정 및 작업 시간, 근무 상황은 물론 체중변화까지 일일이 기록했습니다.

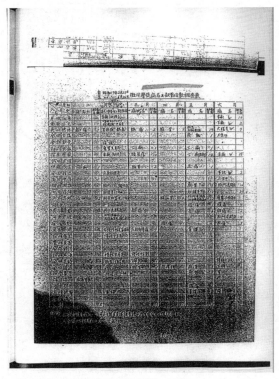

그림 52 징용학도(30명)들의 결근일수 조사표[오노다시멘트회사 내무 문서]

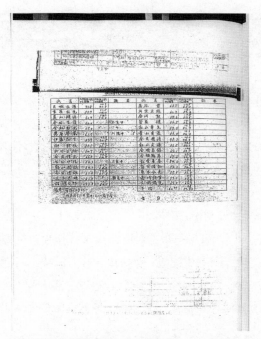

그림 53 징용학도(30명)들의 체중 변화표[오노다시멘트회사 내부 문서]

〈정혜경〉

도움이 되는 글

표영수, 「일제강점기 조선인 지원병제도 연구」, 숭실대학교 대학원 사학과 박사학위논문, 2008
정혜경, 『조선청년이여 황국신민이 되어라』, 서해문집, 2010
연합뉴스 2012.8.13. 「일제, 학도병 거부 조선인 학생 수백명 강제노역」
정혜경, 『징용 공출 강제연행 강제동원』, 선인출판사, 2013

중요한 낱말 | ★

지원병, 오노다시멘트, 자살특공대, 가미카제, 응징학도, 학도징용 조선인 학도지원병 가운데 30%는 자살특공대自殺特攻隊로 동원 되는 비극을 겪었습니다. 자살특공대는 가미카제[神風. 몽골 침략 당 시 태풍으로 몽골 함선이 난파한 것을 신의 바람이라 선전]로 잘 알려져 있는 데, 일본에서는 '가미카제'보다 '신푸'라는 발음으로 더 많이 불렸 습니다.

가미카제는 구명救命 장치가 없는 장비를 이용한 자살특별공격 대입니다. 해군 제1항공함대 사령관인 오니시 다키지로大西瀧治郎 중장이 자살특별공격대를 창안했다고 알려져 있지만, 실제로는 군 사령 작전과에서 결정하여 명칭까지 확정한 후 오니시에게 전달 했다고 합니다. 오니시는 이후 "일본 항공부대의 아버지"로 불렸 습니다.

물론 자살 특공 작전은 가미카제에만 있었던 것은 아닙니다. 신 요震洋, 마루레マルレ, 가이텐回天 등 다양한 형태가 있었습니다. 인 간어뢰人間魚雷나 잠수어뢰潛水魚雷라고도 하지요. 어뢰를 실은 배를 타고 적함에 돌격하거나, 모터보트에 폭탄을 고정해서 돌진하거 나, 로켓을 분사하는 식으로 사람을 폭탄과 묶어서 쏘는 등등이 있 습니다. 그러나 일반적으로 일본의 자살특공대라고 하면 가미카제 를 떠올릴 만큼 가미카제가 제일 유명합니다.

자살특공대원들을 조달하는 방법은 다양했습니다. 일단 해군에 서는 소년비행병제도에 따라 운영되는 연습생들이 있었고, 해군특 별지원병제도에 의해에 따라 운영되는 연습생들이 있었고, 해군특별지원병제도에 의해 1943년 8월에 동원된 지원병도 있었습니다. 1944년 11월에 일본 해군으로 징병된 일반 군인들도 있었어요.

육군에서도 해군과 같이 소년비행병제도가 있었습니다. 육군특별조종견습사제도에 따라 교육 과정을 밟은 사람들도 있었고, 항공기승원양성소라고 해서 승무원을 양성하는 기관을 거친 사람들도 있었어요. 이 같이 육군과 해군 모두 다 운영한 기관이었습니다.

그림 54 소년병학교를 홍보하는 선전물
[도쿄대공습전재자료센터 소장 사진. 2010.2.27 이대화 촬영]

이들은 모두 단기간 훈련을 받고 조종사가 되는데, 이들이 바로 특공대원의 후보 인력이었습니다. 이같이 별도의 특공대원만을 양성하는 부대가 있었던 것이 아니라, 각 부대에서 차출하는 방식이었습니다. 학도지원병에게 해당된 방식이기도 했지요.

학도병들은 상관이 보는 앞에서 '열망한다', '지망한다', '지망하지 않는다'의 세 가지 항목 중 하나를 선택해야 했습니다. 상관이 보는 자리에서 '지망하지 않는다'에 동그라미를 칠 용기를 가진 병사란 없었습니다. 어차피 지망하게 할 테니 굳이 구타를 자처할 필요는 없었지요. 이런 식으로 특공대원에 선발되고 나서는, 기회가 있어도 탈출하지 못했습니다. 고향의 가족에게 가해질 보복이 두려웠기 때문입니다.

〈정혜경〉

도움이 되는 글

정혜경, 『조선청년이여 황국신민이 되어라』, 서해문집, 2010
길윤형, 『나는 조선인 가미카제다』, 서해문집, 2012
정혜경, 『징용 공출 강제연행 강제동원』, 선인출판사, 2013

중요한 낱말 | ★

학도지원병, 마루레, 자살특공대, 가미카제, 오니시 다키지로 일본은 1937년 중일전쟁에 이어 1941년 12월 동남아시아와 하와이 진주만에 대한 침략을 감행하면서 전선을 크게 확장시켰습니다. 그러나 개전 초 우세하던 전황은 1942년 미드웨이 해전과 같은 해 8월부터 1943년 2월까지 지속되었던 과달카날 전투의 패배로 급격히 악화되었죠. 결국 1944년 말 필리핀 레이테만 해전에서 패배하고 1945년 초 필리핀 방어전에도 실패하게 되면서 오키나와를 포함한 일본 본토가 미국 육군의 작전권에 들어오게 됩니다.

그리고 미군의 본토 상륙이 목전에 다다른 1945년 1월, 일본 대본영大本營이 「제국육해군작전계획대강」을 수립하고 이에 따라 본토 및 한반도 일대를 방어하기 위한 '최후의 전투'를 계획했는데 이를 이른바 본토결전이라고 합니다. 본토결전를 위한 구체적인 작전 방침으로는 '결호작전決号作戰'과 '천호작전天号作戰'이 있습니다. 특히 '결호작전'은 일본 본토와 조선을 7개의 권역으로 나누고 미군의 상륙에 대비한 방비태세를 확립하는 작전이었는데, 조선은 결7호 작전지역이었습니다.

본토결전 조치는 크게 두 가지 측면에서 살펴볼 수 있습니다. 첫째는 작전 지역 내 부대를 증강하고 조직을 개편하는 것이었고, 두 번째는 미군의 상륙에 대비한 군사시설물을 구축하는 일이었죠.

이에 따라 조선 주둔 일본군 곧, 조선군은 1945년 2월 야전부대 성격의 제17방면군과 군사행정을 담당할 조선군관구로 분리 개편

되었습니다. 아울러 대본영의 지휘 아래 많은 부대가 한반도 전역에 새로 배치되기도 했습니다. 예를 들어 대본영은 1945년 3월 제주도에 제96사단을 배치하였고, 4월에 이를 지휘할 제58군사령부를 설치했습니다. 전라남북도에도 제150사단과 제160사단을 주둔시켰고, 5월에는 다시 제주도에 독립혼성 제127여단을 배치했으며, 만주로부터 제120사단과 제111 · 122사단을 각각 대구와 제주도로 이동하는 등 한반도 남부와 제주도 일대는 그야말로 일본군의 결전을 위한 전장이 되어가고 있었던 것입니다.

한편 일제는 미군의 본격적인 상륙에 대비하여 한반도 전역에서 식민지 조선인을 동원하여 대규모 군사시설물을 구축하기도 했습니다. 특히 미군의 상륙이 가장 유력한 곳으로 예상한 제주도 및 전라남북도 해안, 그리고 부산 · 진해를 중심으로 한 경남 해안 일대에 수많은 동굴과 엄체 등을 건설했습니다. 물론 이러한 시설물들은 강제동원된 조선인들의 피와 땀으로 만들어진 것이었다는 점을 잊어서는 안 됩니다.

〈조건〉

도움이 되는 글

防衛廳防衛硏究所戰史室, 『戰史叢書―大本營陸軍部 10』, 朝雲出版社, 1975.
宮田節子 編 · 解說, 『十五年戰爭極秘資料集 15 ― 朝鮮軍槪要史』, 不二出版, 1989.
신주백, 「1945년 한반도에서 일본군의 '본토결전' 준비」, 『역사와 현실』 49, 2003.
신주백, 「1945년도 한반도 남서해안에서의 '본토결전' 준비와 부산 · 여수의 일본군 시설지 현황」, 『군사』 70, 2009.

중요한 낱말 | ★

본토결전, 결호작전, 일본 대본영, 제17방면군, 조선군관구

제2차 세계대전 종전 후 소련은 자국의 전쟁 피해를 복구하기 위해 약 60만 명에 달하는 일본군을 귀환시키지 않은 채 억류했습니다. 이들은 이후 시베리아 내 2,000여 개에 달하는 포로수용소에 분산 수용되었으며 억류에서 풀려나 돌아갈 때까지 혹독한 추위와 노역을 감내해야 했습니다. 일본군의 소련 억류를 비롯하여 그로 인한 피해를 통틀어 이른바 시베리아 억류피해라고 부릅니다.

그런데 억류되었던 60만여 명의 일본군 중에는 식민지 조선인도 적지 않게 포함되어 있었습니다. 조선인들의 시베리아 억류피해가 발생한 지역은 중국 동북지방, 즉 만주를 비롯하여 북한과 사할린·쿠릴열도 일대입니다. 원래 이 지역 내 무장해제를 담당했던 소련군은 원칙적으로 억류된 일본군 내 조선인들을 조국으로 귀환시켜야 했습니다. 그러나 일선 부대 내에서 이러한 방침은 제대로 지켜지지 않거나 무시되었습니다. 결국 약 3,000명 내외의 조선인들이 시베리아 각지의 수용소에 일본군과 함께 억류되어 피해를 입은 것으로 파악됩니다.

조선인들이 시베리아에 억류된 근본적인 원인은 일제가 자신들의 침략전쟁에 조선의 청년들을 군인으로 강제동원했기 때문이었습니다. 그럼에도 해방 후 일본 정부와 군부는 동원했던 조선인들에 대해 어떠한 방침도 수립하지 않은 채 방임했습니다. 수많은 미사여구로 사지에 내몰던 때와는 너무도 다른 처사였지요. 심지어 일본 정부는 피해가 발생한 당시는 물론 지금까지도 조선인들에게 발생한 억류 피해를 공식적으로 인정하지 않고 있습니다. 그에 따른 사과나 보상이 없음은 물론이구요.

시베리아 포로수용소에 억류되었던 조선인들은 1948년 12월 소련 정부의 조선인 억류 해제 방침에 따라 대부분 풀려났습니다. 이들은 당시 소련 하바로프스크에 집결했다가 나호트카 항을 출발 북한 흥남으로 귀환했습니다. 흥남에서는 북한 정부에 의해 연고 지별로 구분되어 개인자격으로 고향으로 돌아가게 되었습니다. 흥남에 도착한 조선인은 약 2,300명, 이중 800명은 북한에 남았고, 1,000명은 중국으로 향했으며, 나머지 500명은 남한으로 돌아왔습니다. 그러나 억류되었던 조선인 중 최소 60~70명은 시베리아 수용소의 열악한 환경을 견디지 못하고 사망하고 말았습니다.

현재 국내에는 1991년 시베리아 억류피해자들을 중심으로 결성된 삭풍회朔風會라는 단체가 결성되어 진상규명을 위한 노력을 계속하고 있습니다.

〈조건〉

도움이 되는 글

林えいだい,『忘れられた朝鮮人皇軍兵士-シベリア脱走記』, 梓書院, 1995.
일제강점하 강제동원피해진상규명위원회,『강제동원 구술기록집 7, 시베리아 억류 조선인 포로의 기억 1』, 2007.
김효순,『나는 일본군 인민군 국군이었다』, 서해문집, 2009.
대일항쟁기 강제동원피해조사및국외강제동원희생자등지원위원회,『시베리아 억류 조선인 포로문제 진상조사-중국 동북지역 강제동원 조선인을 중심으로-』(작성자 조건), 2011.
北原道子,『北方部隊の朝鮮人兵士』, 現代企劃室, 2014.

중요한 낱말 ┃ ★

시베리아 억류 피해, 시베리아 포로수용소, 강제동원, 관동군, 삭풍회 조선인 포로감시원이란 일제 말기 동남아시아에서 사로잡힌 연합군 포로들을 관리하기 위해서 일제가 강제동원한 사람들을 가리킵니다. 일본은 1940년 9월 북부 베트남을 시작으로 이듬해 7월부터는 인도차이나 반도와 동남아시아 전역을 침공했습니다. 당시 동남아시아는 대부분 서구 열강의 식민 지배를 받고 있었는데, 이로 인해 이 지역에서만 약 12만 명에 이르는 백인 포로들이 발생했습니다. 일본군은 이들을 수용·관리하기 위하여 식민지민을 포로감시원이라는 명목으로 '모집'했고, 조선인 약 3,200여 명이 강제동원되었던 것입니다.

조선인 포로감시원 '모집'은 1942년 5월부터 시행되었습니다. 총독부와 일본군은 포로감시원이 좋은 복무환경에서 높은 급여를 받는 '명예로운 직무'이며, '오만불손한' 미국과 영국 포로들을 관리하는 '중요한 임무'라고 치켜세웠습니다. 그러나 같은 해 6월 15일 부산에 만들어진 임시군속교육대에 입소할 때부터 조선인들은 폭염과 혹독한 군사훈련을 감내해야만 했습니다. 일본 당국이 동원 과정에서 발표한 내용들은 모두 감언이설에 불과했던 것입니다. 더욱이 9월 중순 퇴소 이후에는 약 3,000명에 달하는 인원이 동남아시아 각지의 수용소로 이동하게 되는데 이때부터가 조선인 포로감시원들의 본격적인 고난과 역경의 시작이었습니다.

수용소 내에서 포로감시원은 일본군의 명령을 받아 연합군 포로들을 감시하고 노역에 동원하는 일을 맡았습니다. 그리고 이 과정에서 포로들에 대한 포로감시원들의 구타와 학대가 발생하기도 했습니다. 문제는 이로 인해 종전 후 강제동원된 조선인들이 전쟁범죄자로 처벌받게 되었다는 점입니다. 연합군은 이미 1945년 7월 포츠담 선언에서 연합군 포로들의 피해에 대해 응분의 조치를 취할 것임을 분명히 했습니다.

결과적으로 도쿄 국제전범재판에서 BC급 전범으로 실형을 언도받은 조선인 포로감시원만 129명에 달했고, 이 중 14명은 사형에 처해졌습니다. 반면 부산 임시군속교육대 시기부터 조선인들을 훈련시키고 이후 조선포로수용소 소장을 역임했던 노구치 유즈루 野口讓와 같은 이는 법정에서 22년형을 언도받았습니다. 그나마 1952년 샌프란시스코 강화조약을 기화로 풀려나 고향에서 사망할 때까지 천수를 누렸습니다.

연합군 포로들을 구금하고, 학대하고, 노역에 종사시켜 수많은 희생자를 낳게 한 실질적인 책임은 일본군의 실무자에게 있습니다. 그런데 이들은 교묘하게 책임을 면하거나 오히려 조선인들을 희생양으로 삼고 뒤에 숨은 채로 처벌을 감면받았습니다. 결국 식민 지배로 인해 강제동원되었던 조선인 포로감시원들은 종전 후에도 연합군 포로들에게 손가락질 받고, 일본군들에게 버림받은 채 거듭된 피해를 감내해야하는 존재로 남겨지고 말았습니다.

〈조건〉

도움이 되는 글

우쓰미 아이코 지음, 이호경 옮김, 『조선인 BC급 전범, 해방되지 못한 영혼』, 2007.

內海愛子, 『日本軍の捕虜政策』, 靑木書店, 2005.

채영국, 「해방 후 BC급 전범이 된 한국인 포로감시원」, 『한국근현대사연구』 29, 2004.

조건, 「제2차 세계대전 말기 일본의 조선인 포로감시원 강제동원」, 『한일민족문제연구』 21, 2011.

중요한 낱말 | ★

포로감시원, 포로수용소, 연합군 포로, BC급 전범, 국제전범재판

일제 강점 말기 식민지 조선에도 연합군 포로들을 수용했던 시설이 있었습니다. 공식명칭은 조선포로수용소였는데, 경성에 본소가 있었고 인천과 흥남에는 분소가 설치되어 있었습니다. 조선포로수용소는 제국주의 침략에 의해 식민지가 된 한반도에 내에 일본군과 연합군, 그리고 조선인 포로감시원들이 함께 공존했던 매우 이색적인 공간이었습니다.

일본군은 제2차 세계대전에서 영국·미국 등 약 12만 명의 백인 장병을 포로로 사로잡았습니다. 이들은 주로 동남아시아와 일본에 분산 수용되었는데 주요한 것으로 태국 포로수용소, 인도네시아 자바 포로수용소, 그리고 말레이시아 포로수용소가 있습니다. 그런데 일본군은 이들 지역 외에도 한반도와 만주에 수용소를 설치하고 연합군들을 이송시키기도 했습니다.

일본은 주로 포로들을 노역에 종사시켰는데, 이 외에도 연합군의 공습에 대비한 볼모로 내세우거나 침략전쟁을 미화하기 위한 사상 선전의 도구로 이용했습니다. 애초에 조선포로수용소는 포로들을 이용하여 식민지 조선인들에게 일제 식민정책과 침략전쟁을 정당한 것으로 선전하려는 의도를 지니고 있었습니다. 물론 나중에는 수용소 주변의 공사장에 노역으로 동원되기도 했습니다.

연합군 포로가 처음 한반도에 들어 온 것은 1942년 9월 24일 부산을 통해서였습니다. 부산에 상륙한 포로는 총 998명이었고 이 중 약 900명이 영국군, 나머지는 호주군과 프랑스군 등이었습니다. 그런데 수용 도중 일부 포로들이 만주로 재이송되거나 일본에 있던 포로들이 이동해 오기도 했습니다. 이에 따라 1945년 9월, 미군이 진주하여 수용소를 해방할 당시 포로들의 국적 구성은 영국군 467명, 미군 140명, 호주군 70명, 소련군 9명, 캐나다와 포르투갈이 각 1명으로 총 688명이었습니다.

조선포로수용소 본소는 경성부 청엽정青葉町 3정목丁目 100번지로 현재 신광여자중고등학교가 있는 자리에 위치했습니다. 인천 분소는 인천부 화정花町으로 지금의 신흥동新興洞 신광초등학교, 흥남 분소는 일본질소비료주식회사日本窒素肥料株式會社 흥남공장이 있던 곳에 설치되어 있었습니다. 조선포로수용소 건물의 경우 비교적 최근인 2010년까지 신광여중고에서 교사로 사용했으나 지금은 철거되었고 그 자리에 새로운 건물이 들어서 있습니다.

한편 조선포로수용소에는 약 200명의 조선인이 포로감시원으로 배치되어 있었다고 알려져 있는데, 이중 현재 91명의 명단이 확인되고 있습니다. 조선포로수용소의 조선인들은 식민지 내에서 제국주의 침략군과 해방군을 동시에 대면하고 있었다는 점에서 특징적입니다. 또한 해방 이후 동남아시아 일대 포로수용소의 동료들과는 달리 BC급 전범으로 낙인찍히지 않았다는 것은 다행입니다. 그러나 지금까지 조선 내 포로감시원들의 존재가 널리 주목받지 못했다는 점에서 이들의 피해는 아직 계속되고 있다고 할 수 있습니다.

〈조건〉

도움이 되는 글

內海愛子, 『日本軍の捕虜政策』, 靑木書店, 2005.
조건, 「제2차 세계대전 말기 일본의 조선인 포로감시원 강제동원」, 『한일민족문제학회』 21, 2011.
조건, 「일제 강점 말기 조선주둔일본군의 조선인 포로감시원 동원과 연합군 포로수용소 운영」, 『한국근현대사학회』 67, 2013.

중요한 낱말 | ★

조선인 포로감시원, 조선포로수용소, 연합군 포로, 조선 주둔 일본군, 강제동원

남양군도(南洋群島) :

1914년부터 1945년 8월 일본 패전까지 일본의 통치를 받은 중서태평양 지역으로 동서 약 4,900km, 남북 약 2,400km에 이르는 광활한 해역을 아우르는 지역. 모두 623개의 섬으로 구성. 주요 섬은 사이판(Saipan), 팔라우(Palau), 축(Chuuk), 폰페이(Pohnpei), 콰잘린(Kwajalein) 등 일본은 남양군도를 '설탕을 얻기 위한 사탕수수 재배지 및 동남아시아와 남태평양으로 진출하기 위한 전략 거점'으로 이용했고, 태평양전쟁을 전후해 전쟁을 위해 곳곳에 군사시설을 구축

그림 55 '남양군도'지도[일제강점하 강제동원피해진상규명위원회, 『명부해제집』64쪽]

남양군도에는 1939년부터 1944년까지 매년 조선인 노무자들이 동원되었습니다. 이 지역에는 1917년부터 조선인들이 이주하기 시작해 1922년에는 149명이, 1938년에는 704명이 거주한 것

으로 알려져 있습니다. 그러다가 1939년에 남양청이 조선총독부에 의뢰해 조선인들을 강제 동원하면서 조선인 숫자는 급격히 늘어나서 태평양전쟁이 발발하기 직전에는 5,824명에 이릅니다. 이후에도 1944년 일본이 패전할 때 까지 1941년만을 제외하고 매년 조선인 노무자들이 동원되었습니다.

1914년 10월 일본 해군이 남양군도에 상륙한 후 군정이 시작되었다가 1918년 6월 칙령에 의해 민정으로 바뀌었습니다. 1920년 12월 17일 국제연맹규약 제22조 규정 및 C식 위임통치조항에 의해 일본의 위임통치지역이 된 후 일본정부는 1922년 4월 1일, 위임통치 시정관청인 남양청을 개설했습니다. 일본은 국제연맹 규약인 위임통치 조항의 규정 및 정신에 따라 토착민에게 군사교육을 할 수 없었고, 축성이나 육해군 근거지를 건설할 수 없었습니다. 토착민에 대한 노예매매와 강제노동도 금지되었고, 무기 및 탄약을 도입할 수 없었습니다.

남양, 남방, 남양군도?

일본은 중부태평양 지역을 '남양'으로 부르거나 '남양군도' '남양제도' '내남양' 으로 부르기도

일제 말기에는 동남아지역과 함께 '남방'이라는 용어로 사용되기도 했는데, 이 가운데 '남양'은 초기에는 동남아시아를 지칭하는 개념으로 사용되다가 1차 대전을 전후한 시기에 '남양군도'로 제한적으로 사용

일본 정부는 1921년에 발포한 남양청관제 제1조에서 "남양군도에 남양청을 설치한다"고 하여 '남양군도'로 명시

자료에 따라서는 '남양'을 '내남양'과 '외남양'으로 세분하여 중부태평양 지역은 '내남양'이고, 기타 동남아 지역은 '외남양'으로 부르기도 했으나 대부분은 '남양' 또는 '남양군도'로 표기

그러나 일본의 아시아태평양전쟁 발발 이후 상황은 변화하게 됩니다. 1933년 3월 일본이 만주사변 및 만주국 설립을 계기로 국제연맹을 탈퇴하였으나 1935년에 남양군도에 대해서는 위임통치국으로서 지위를 인정받았습니다. 이후 일본은 국제연맹의 위임통치규약을 어기고 남양군도의 군사기지화를 꾀했습니다. 그러나 여전히 남양군도에 대한 통치권을 확보하지 못했으므로 방비책이 금지되어 있었고, 이와 관련해서 국제연맹의 관리를 받고 있었습니다. 그러므로 일본은 1939년 이전까지는 유사시에 대비한 문서상의 방비계획이나 청사진을 준비해두지 못했습니다.

그러다가 중일 전쟁 발발 이후 세계정세가 급박하게 돌아가는 상황에서 방비책에 들어가게 됩니다. 즉 일본이 국제연맹을 탈퇴하고 남양군도에 대한 위임통치가 인정된 이후인 1939년부터 본격적인 비행장 건설과 항만건설이 시작될 수 있었습니다. 아울러 일본의 아시아태평양전쟁으로 인한 병력수요를 공급하기 위해 남양군도의 일본인 노동력이 전장과 일본 본토의 군수공장으로 이동하게 되면서 토목공사에 대한 노동력 확보가 시급해졌습니다.

그러한 목적을 위해 조선총독부와 남양청은 1939년 1월과 2월에 경상남도 남해를 비롯하여 전남과 전북 등지에서 모집을 하여 2월부터 조선인을 토건노동자와 농업노동자로 보냈습니다. 남양군도 강제동원의 시초입니다.

1939년을 시발점으로 1941년 12월 태평양전쟁이 일어나기 전까지 남양군도로 동원된 조선인 노무자는 5천명 이상으로 추정됩니다. 그 이후에는 군무원과 군인이 추가되었습니다.

▶ 남양농업이민? 강제동원?

일제말기에 농업이민은 국책사업의 하나로 수행된 농민 송출이
자 점령지를 대상으로 전개한 척식사업이었습니다. 설탕왕이라 불
리던 마쓰에 하루지松江春次가 1939년 7월, 미나미 지로南 次郎 조
선총독에게 남양군도 농업이민을 의뢰하면서 보낸 문서에 보면 당
시 사정이 잘 나타나 있습니다.

"당사[남요흥발] 사업지 남양군도 각지에서 사업을 확장하고
있으며 이것의 소요세력은 종래 오키나와현을 비롯하여 일본 동
북 각 현으로부터 수시로 입식시킨 바, 이번 사변[중일전쟁]의 확대
와 전시체제 정비로 인해 응소자應召者의 확대와 군수산업에 전출
이 많아 이들 각 지방에서 농촌노동력 부족이 점점 심각해지고 있
는데다가 최근 남양 각지에서 전쟁을 반영한 군소산업의 발흥이
현저하여 점점 군도내의 노동력 부족을 초래하였기 때문에 필요
한 노동력 보충이 불가능하게 되어 남진국책南進國策인 남방 산업
의 개발에 공헌하고 있는 당사 사업도 경영상 상당한 곤란에 봉
착했습니다."

이 같이 아시아태평양전쟁의 확전에 따라 일본의 점령지역이 확
대되고, 군수물자 생산이 시급해지면서 일본 외 지역[만주, 사할린,
남양군도 등]에 대한 조선인의 집단 송출에 대한 필요성은 더욱 높아
지자 조선총독부는 중국관내지역과 만주 등 기존에 수행했던 집
단이주사업을 체계화하고 확대하기 위해 제도적인 조치를 강화하
게 됩니다.

조선총독부는 '이민'이라는 미명 아래 농업노동자들을 활용하
기 위해 제도적인 장치를 마련하고 실행에 들어갑니다. 1939년 2

월 22일에 이민위원회 규정[조선총독부훈령 제9조]을 마련해, 정무총감이 직접 주관하도록 했고, 외사부 척무과[칙령 532호, 1939.8.3. 공포], 사정국 척무과[훈령103호. 1941.11.19.], 사정국 외무과[훈령54호. 1942.11.1.], 농상국 농무과[훈령88호. 1943.12.1.] 농상국 농상과[훈령96호, 1944.11.22] 등 만주와 중국관내 지역의 송출을 관장할 행정기구를 별도로 설치, 운영했습니다.

이러한 정책 아래 조선 농민들은 만주로, 남양군도로 동원되어 현지에서 군용식량과 군수품 원료[카사바, 사탕수수]를 재배했습니다. 특히 남양군도로 동원할 조선인은 한발피해가 심해서 경작이 어려웠던 지역 출신자로 특정했습니다.

남양농업이민은 1939년 8월부터 시작되었는데 호난豊南산업(주)과 난요흥발(주), 난요척식(주) 등이 수행했습니다. 이들 회사는 남양청에서 대여해 준 토지에 조선인 노동력을 투입해 카사바와 사탕수수를 생산하고 이를 일본 오사카大阪에 보내 전분澱粉이나 방적용 풀을 제조했습니다.

기업	연혁
난요(南洋)흥발(주)	1920년 여름 이후부터 전후 반동불황에서 사탕시장이 폭락하면서 난요(南洋)식산(주) 사업이 정체하게 되자 설립된 후 1936년 11월에 난요(南洋)척식(주)가 설립되자 최대 출자자이자 자회사가 됨
	일본 해군과 외무성은 남양군도 척식사업 전체에 대한 재검토를 실시해 난요(南洋)흥발(주)을 설립. 조선의 동양척식주식회사가 자금과 인재를 제공하고 타이완(臺灣) 新高제당주식회사의 상무였던 마쓰에 하루지(松江春次)가 경영에 참여
	남양청은 제당업을 기간산업으로 육성하고자 하고 자금과 토지, 노동력의 확보나 노동문제 등 난요(南洋)흥발(주)의 사업을 대대적으로 지원하고, 척식사업 수행을 위한 중요한 기업으로서 보호
	남양청은 남양군도 지역의 경제개발에 기업이 미치는 영향력을 중시하고, 1922년에 제당규칙을 만들어 남양청 장관에 의한 허가제로 하는 근거를 마련해, 이 규칙에 의해 난요(南洋)흥발(주)은 실질적으로 남양군도에서 제당업을 독점
	1924년에 남양청은 '남양개발사업계획'을 발표하고 교통시설의 정비, 개척지 설정, 이민의 도입, 대자본의 유치를 주요 방침으로 설정하여 기업의 척식정책을 지원함에 따라 관유지의 거의 대부분이 난요(南洋)흥발(주)에게 무상으로 제공(임대)되어 사이판이나 티니안의 경작지를 차지하고 주로 '계약이민(모집)'과 '자유이민'에 의해 노동력을 확보
	주요 사업은 제당업製糖業과 주정업酒精業·전분·수산·제빙 등
호난(豊南)산업(주)	1938년 11월에 설립된 난요(南洋)척식(주)의 자회사
	주요 사업은 카사바 등 농업작물을 재배하고 가공해 판매하는 것
난요(南洋)척식(주)	칙령 제 228호(1936년 7월 27일자)에 근거하여 1936년 남양청의 후원 아래 미쓰이(三井)물산과 미쓰비시(三菱)상사, 동양척식(주) 등의 자본을 합해 척무성 대신을 최고 책임자로 하여 1936년 11월에 창설된 국영기업
	남양군도를 '외남양'으로 경제 진출을 위한 거점으로 삼고자 한 정책의 일환으로 척무성을 중심으로 조직된 '남양군도개발조사위원회'가 남양군도 정책의 중점항목으로 설립한 기업이었으므로 사업 지역이 '외남양'까지 포괄
	주요 업무는 척식사업의 추진과 기업에 대한 자금공급
	출자회사는 大洋眞珠, 南洋鳳梨, 南洋알루미늄광업, 南洋전기, 南興수산, 熱帶農産, 豊南산업, 南拓흥업, 二葉상회 등으로 1944년에는 총 19개사이고, 난요알루미늄광업과 호난산업에서 조선인 동원
	직영사업으로 앙가울·후하이스섬의 인광燐鑛 채굴, 팔라오·야프·포나페 등지의 농업 경영

농업노무자들의 동원 대상은 농업에 종사하고 개간경작에 경험이 있는 20세에서 40세까지인 자로써, 가족 중에 가동稼動능력자가 많은 농민이 우선 선발대상이 되었습니다.

▶ 토건노무자

1939년 상반기 부터 동원되기 시작한 토건노무자들은 도로와 항만을 닦는데 동원된 것으로 알려져 있다. 현재 팔라우에서 사용하고 있는 많은 교량은 '아이고 다리'라고 불립니다. 당시에 다리를 만들던 조선인들이 "아이고 죽겠다!"는 소리를 자주 했다고 해서 현지인들이 붙인 이름입니다. 토건노무자들은 공사를 마친 후 고향으로 돌아올 수 없었습니다. 다른 공사장으로 이동하기도 했지만 농장으로 배치되어서 농업노동자와 동일한 노동에 투입되거나 인광산 등지에 동원되기도 했습니다.

그림 56 팔라우 앙가우르 소재 정광공장 자리
[일제강점하강제동원피해진상규명위원회, 『직권조사보고서』, 68쪽]

그림 57 난요흥발(주) 포나페 주정공장의 흔적
[일제강점하강제동원피해진상규명위원회, 『직권조사보고서』, 71쪽]

〈정혜경〉

도움이 되는 글

今泉裕美子,「南洋群島」,『貝志川市史 - 移民·出嫁ぎ 論考編』, 2002

도미야마 이치로, 임성모 번역, 『전장의 기억』, 이산, 2002

정혜경, 「공문서의 미시적 구조 인식으로 본 남양농업이민(1939
~1940)」,『한일민족문제연구』3, 2002

今泉裕美子,「南洋群島經濟の戰時化と南洋興發株式會社」,『戰時下ア
ジアの日本經濟團體』, 日本經濟評論社, 2004

伊藤幹彦, 『日本アジア關係史研究』, 星雲社, 2005

김명환, 「1943~1944년 팔라우 지역 조선인 노무자 강제동원」, 『한일
민족문제연구』14, 2008

김명환, 「식민지시기 조선인의 남양군도 이주실태(1914~1938)」, 『한
일민족문제연구』16, 2009

국무총리소속 일제강점하 강제동원피해진상규명위원회, 『직권조사
보고서 - 남양군도지역 한인노무자 강제동원 실태에 관한 조사(1939
~1941)』, 2009

김명환, 「일제말기 남양척식주식회사의 조선인 동원 실태」, 『한일민
족문제연구』18, 2010

국무총리소속 일제강점하 강제동원피해진상규명위원회, 『명부해제
집1』, 2010

정혜경, 『일본제국과 조선인노무자 공출』, 선인출판사, 2011

국무총리소속 대일항쟁기 강제동원피해조사 및 국외강제동원희생자
등 지원위원회, 『1944년도 남양청 동원 조선인노무자 피해실태 조사
보고서』, 2012

정혜경, 『징용 공출 강제연행 강제동원』, 선인출판사, 2013

중요한 낱말 | ★

남양군도, 남방, 남양, 농업이민, 남양청, 국제연맹, 팔라우, 티니안, 사이판,
난요흥발, 호난산업, 난요척식

한반도의 조선인이 노무자로 강제동원되는 과정은 공통적입니다. 다만 남양군도의 경우에는 일본 후생성이 아니라 남양군도의 통치를 담당하는 '남양청'이 관여한다는 차이만 있을 뿐입니다.

■ 제1단계 : 계획 입안 및 요청[계획입안 → 사업주의 요청 → 남양청 접수 → 조선총독부에 요청 → 조선총독부 접수]

■ 제2 단계 : 모집 [道에 하달 → 해당 도 내무부, 희망자 선정 및 신원조사 → 해당 도지사, 조선총독부 내무국에 상신 → 조선총독부 접수 → 남양청 내무부에 전달 → 남양청 내무부 접수]

■ 제3 단계 : 수송업무[해당 도, 수송업무 완료 → 기업 인수]

부서별로 담당 업무를 살펴보면, 송출 업무를 주관하는 총괄부서는 내무국 사회과와 남양청 내무부이고, 실제적인 수행기관은 도의 내무부 사회과와 기업이며, 선정업무를 실제 수행하는 기관은 행정의 가장 말단인 면임을 알 수 있습니다. 즉 남양농업이민관련 업무는 도의 지시를 받은 군과 면에서 이루어졌으며, 실질적으로는 면서기의 주도 아래 구장과 면 유력자들이 중심이 되어 대상자 선정과 신원조사, 수송 등을 수행했습니다. 이는 일제 말기에 식민지 조선에서 수행되었던 일반적인 노무 동원 송출과정 및 노무동원 관련 행정조직과 동일합니다.

남양군도로 가는 교통편을 보면, 1935년에는 일본 요코하마橫

浜에서 서회선[西廻線. 사이판 6일, 얍 10일, 팔라우 11일 또는 12일, 다바오 14일]과 동서연락선[팔라우 7일, 트럭 12일, 포나페 16일, 쿠사이 18일, 잘루이트 21일 소요] 등 두 가지 항로를 통해 갈 수 있었습니다. 1939년에는 요코하마橫浜 → 고베神戶 → 모지門司 → 팔라우간 직항선[팔라우 7일 소요]이 운항되었습니다. 1939년에 농업노무자로 고향을 떠난 조선인들이 거쳐 간 길입니다. 1944년에 동원된 노무자들은 일본의 후쿠오카福岡 하카타博多항에서 요코하마로 이동한 후 곧바로 팔라우행 해군 수송선을 타고 떠났습니다.

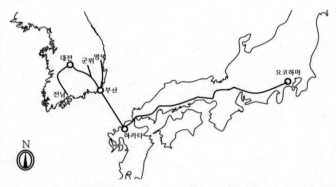

그림 58 1944년에 남양군도로 간 이동로. 요코하마에서 수송선을 타고 이동[대일항쟁기 강제동원피해조사 및 국외강제동원희생자 등 지원위원회, 「1944년도 남양청 동원 조선인노무자 피해실태 조사보고서」, 2012, 21쪽]

〈정혜경〉

도움이 되는 글

김명환, 「1943~1944년 팔라우 지역 조선인 노무자 강제동원」, 『한일민족문제연구』14, 2008

김명환, 「식민지시기 조선인의 남양군도 이주실태(1914~1938)」, 『한일민족문제연구』16, 2009

국무총리소속 일제강점하 강제동원피해진상규명위원회, 『직권조사보고서 - 남양군도지역 한인노무자 강제동원 실태에 관한 조사(1939~1941)』, 2009

김명환, 「일제말기 남양척식주식회사의 조선인 동원 실태」, 『한일민족문제연구』18, 2010

국무총리소속 일제강점하 강제동원피해진상규명위원회, 『명부해제집1』, 2010

정혜경, 『일본제국과 조선인노무자 공출』, 선인출판사, 2011

국무총리소속 대일항쟁기 강제동원피해조사 및 국외강제동원희생자 등 지원위원회, 『1944년도 남양청 동원 조선인노무자 피해실태 조사보고서』, 2012

정혜경, 『징용 공출 강제연행 강제동원』, 선인출판사, 2013

중요한 낱말 | ★

남양군도, 남방, 남양, 농업이민, 군무원, 남양청, 국제연맹, 팔라우, 티니안, 사이판

남양군도로 동원된 조선인들에 대해 국책회사[난요흥발, 난요척식]
와 남양청 당국은 현지 이탈과 통제를 위해 다양한 정책을 추진했
습니다. 난요흥발(주)은 1939년 7월부터 '농장노무반규정'을 시행
하고 독자적인 노무수첩을 배포했습니다. 일본에서 국민노무수첩
제도가 1941년 7월에 시행되었으므로 무려 2년이나 앞서 노무자
이동방지정책을 수행한 것입니다. 남양청측은 회사 현장 감독자와
연대하면서 기밀유지 및 노동력 수급 등을 조절했습니다.

남양군도는 조선인들의 작업장이 외진 섬이었으므로 통제에 매
우 쉽다는 점을 감안해 조선인들에게 교련과 사상교육을 시행하고
매일 실적표를 만들어 할당된 작업량을 완수하도록 독려했습니다.
줄기가 억세고 가시도 많은 사탕수수를 수확하기란 쉽지 않은 일이
었습니다. 더구나 온대기후에 익숙한 조선인이 열대의 열악한 기
후 조건 아래에서 일을 했으므로 부상도 많았습니다.

집단농장에 동원된 노무자들의 월 급여 중에 평균 27%를 저금
하도록 하고 생필품 구입도 지정된 상점인 주보酒保[PX]로 일원화
했습니다. 동반 가족 중에 12세 이상은 성별에 관계없이 '대인'으
로 구분해 두었습니다. 어린 유소년의 동원 가능성도 엿볼 수 있
습니다.

그림 59 1942년 봄 남양군도 포나페로 동원된 박회동이 가족에게 보낸 편지에 동봉된 사진. 사진 뒷면에 1943년 4월 12일자 '검열 남양청 포나페지청(檢閱 南洋廳 ボナペ支廳)이라는 스탬프가 찍혀있다. 남양군도 포나페(Ponape, 현 지명 폰페이 Pohnpei)(박노숙 기증) [일제강점하 강제동원피해진상규명위원회, 「명부해제집」65쪽]

그림 60 앙가우르에 소재한 난요척식(주)가 운영했던 병원 유적. 작업현장에서 병을 얻거나 부상당한 조선인들이 투병생활을 하다 사망하기도 한 곳

　또한 집단농장이나 남양청 소속 토건작업장에서 일 하다가 광산에서 일하거나 해군의 요청으로 군공사장 작업에 투입되는 경우도 있었습니다.

　남양군도가 본격적인 전쟁터가 되면서 조선인노무자들의 피해는 속출하게 됩니다. 이들은 무기도 들지 않은 민간인이었지만 전쟁의 포화 속에서 피해는 피할 수 없었습니다. 1944년에 남양청이 동원한 노무자 334명 가운데 123명이 팔라우 상륙 후 일본 패전시까지 사망했습니다. 사망비율이 36.8%이니 매우 높은 비율입니다. 이들의 사망이유는 전사, 전병사, 공상사, 해몰海沒 등으로 다양한데 특히 미군공격에 의한 사망이나, 식량부족에 따른 영양상태 불량으로 사망한 경우가 대부분입니다.

▶1941년 12월 태평양전쟁의 발발과 조선인 노무자 – 노무자인가 군무원인가

토건노무자와 농업노무자로 '남양군도'로 떠난 이들은 태평양전쟁이 개시된 이후에 어떻게 되었을까요. 전쟁이 본격화되기 이전에 미처 귀향하지 못한 조선인들은 태평양전쟁의 격전지가 된 '남양군도'에서 군무원으로 징발되거나 공사장, 집단농장에 동원되기도 했습니다.

1941년을 제외하고 1939년부터 1944년까지 매년 조선인 노무자가 남양군도로 동원되었습니다. 그런데 1941년 12월 태평양전쟁이 발발한 후 남양군도에 있었던 조선인노무자들 가운데 일부는 '임시군인군속계'나 '구해군군속신상조사표', '유수명부' 등 군무원 명부에서 이름을 찾을 수 있습니다. 1941년 말 부터 해군징용공원규칙[1940.11.19]에 근거해 해군공원의 징용이 시작되면서 1941~1942년까지 1만 4천명의 조선 청년들이 비행장과 방공호, 포진지 등 군사시설구축을 위해 남양군도에 동원됩니다. 이들은 "해군으로 징용된 공원"인데, 군무원 명부에서 이름을 찾을 수 있습니다.

그렇다면 이들은 노무자일까요? 군무원일까요?

1941년 12월 태평양전쟁 발발 이전에도 노무자가 군공사장에 동원된 적은 있었습니다. 대표적 사례가 1940년 5월에 해군이 군시설 공사에 남양청 소속 노무자들을 동원한 경우입니다. 그러나 태평양전쟁이 일어난 후에는 노무자와 군무원의 구분이 의미가 없어지게 됩니다.

1944년 4월 1일, 사이판에서 난요흥발(주)은 현지주둔군과 "전력증강과 병참식량 확보"에 관한 군민협정을 체결한 후 회사 소속 노무자를 군무에 동원하도록 제공했습니다. 이 협정은 '야노矢野-오하라小原 협정'이라고도 부릅니다. 로타에서도 1944년 6월 이후에는 16세 이상의 군적이 없는 남성을 징용해서 육군부대에 편입하고, 이들을 '피징용자'로 기재했습니다.

원래는 노무자였는데, 현지에서 사망한 후 군무원으로 등재된 사람도 볼 수 있습니다. 농장이나 토건회사 소속으로 일하고 있었는데, 자신도 모르는 사이에 군무원이 된 사례는 이루 말할 수 없이 많습니다. 설탕공장에서 일을 하다가 1944년부터 갑자기 비행장 확장공사장에 동원되었다거나, 포나페의 사탕수수농장에서 일하다가 강제로 사이판으로 이주해서 군공사장에 동원되었다는 경험자의 구술은 낯설지 않은 이야기입니다.

그림 61 사이판 아스토리비행장 주변 방공호

그림 62 철제 폐자재가 가득한 페렐리우의 지하시설

이상의 사례를 볼 때 태평양전쟁이 발발해서 남양군도 지역이

전방이 된 후에는 당초 노무자로 남양군도로 동원된 조선인이라 해도 '군무원' 또는 군무원과 동일한 상황의 작업 현장에 놓여 있었음을 알 수 있습니다.

〈정혜경〉

도움이 되는 글

김명환, 「1943~1944년 팔라우 지역 조선인 노무자 강제동원」, 『한일민족문제연구』14, 2008

김명환, 「식민지시기 조선인의 남양군도 이주실태(1914~1938)」, 『한일민족문제연구』16, 2009

국무총리소속 일제강점하 강제동원피해진상규명위원회, 『직권조사보고서 - 남양군도지역 한인노무자 강제동원 실태에 관한 조사(1939~1941)』, 2009

김명환, 「일제말기 남양척식주식회사의 조선인 동원 실태」, 『한일민족문제연구』18, 2010

국무총리소속 일제강점하 강제동원피해진상규명위원회, 『명부해제집1』, 2010

국무총리소속 대일항쟁기 강제동원피해조사 및 국외강제동원희생자 등 지원위원회, 『1944년도 남양청 동원 조선인노무자 피해실태 조사보고서』, 2012

정혜경, 『일본제국과 조선인노무자 공출』, 선인출판사, 2011

정혜경, 『징용 공출 강제연행 강제동원』, 선인출판사, 2013

중요한 낱말 | ★

남양군도, 노무자, 군무원, 남양청, 국제연맹, 팔라우, 티니안, 사이판, 해군징용공원규칙

러시아연방 사할린주는 러시아의 유일한 섬이자 세계에서 열아홉 번째로 큰 섬입니다. 사할린주는 사할린Sakhalin, 모네론 Moneron, 츄레니Tyuleniy, 쿠릴열도Kuril Is. 등으로 구성되어 있습니다. 총면적은 87,100㎢로, 주의 대부분을 차지하고 있는 사할린 섬의 면적은 약 78,000㎢입니다. 북위 46도부터 54도 사이에 걸쳐 있으며 남북으로 긴 형태입니다.

그림 63 일본 제국과 화태[국무총리 소속 일제강점하 강제동원진상규명위원회, 『강제동원명부해제집』, 2009]

한국사에 기록된 명칭은 사할린과 가라후토樺太, 화태 등 세 가지입니다.

> **– 사할린**Sakhalin, Сахалин : 몽골–타타르인이 지은 이름. 13~14세기
> 에 연해주와 사할린 지역에 들어왔던 몽골–타타르인들은 아무르 강
> 을 '사할란–울라'라고, 강 하구 지역에 위치한 땅은 '검은 강으로 들
> 어가는 바위'라고 불렀음. 이같이 아시아적 기원을 가진 지명은 1737
> 년 파리에서 발간된 지도에서 '사찰린엔 앙가–하타[Sachalien anga-hata]'
> 라는 라틴 문자로 표기되어 서구인들에게 선을 보임. 이 타타르식 지
> 명은 1849년에 사할린이 반도가 아닌 섬이라는 사실을 입증해낸 러
> 시아인 탐험가 네벨스키Г.И. Невельский 대위에 의해 공식 채택되어 오
> 늘까지 이어지고 있음
> **– 가라후토**樺太 : 러일전쟁 이후 남부사할린에 대해 일본이 명명한 이
> 름으로, 일본어 발음은 가라후토. 일본인들은 사할린을 가라후토[樺太:
> 몽골인들이 도착하기 이전부터 이 땅에 정착해 있었던 아이누 식 명칭을 빌려서 사용. '자작나무의 섬'
> 이란 의미], 혹은 북에조北蝦夷로 호칭
> **– 화태** : 식민지 시기부터 오랫동안 조선 사회에서 남부 사할린 지역
> 을 한자의 독음을 빌어 부른 지명

사할린 섬은 북부와 남부가 산맥으로 구분되어 있습니다. 섬 남
쪽에는 산지가 많으며 북부지역은 평야지대[툰드라 지대]입니다. 고
고학자들에 의하면 6만~4만 년까지 홋카이도와 연결되어 있다가
약 1만 년 전에 지금과 같은 섬의 모습이 되었다고 합니다.

사할린 선주민의 역사는 약 5000~6000년 전으로 거슬러 올라
갑니다. 이 시기 아무르 강 유역에 거주하던 니브히Nivkhi의 조상
들이 사할린으로 이주한 것으로 추정되는데, 사할린이 역사에 자
주 발견되기 시작한 것은 몽골이 중국과 동북아를 평정하면서부
터입니다.

러시아와 일본 측은 17세기에 들어서 탐험을 실시했고, 19세기
초에 사할린을 재발견했습니다. 이 지역의 지정학적 중요성과 천
연자원의 가치에 대해 눈뜨면서 양국이 영토 문제를 둘러싸고 본

격적 대치를 시작했습니다.

제정러시아는 일본이 사할린에 관심을 보이자 19세기 중반 이후 자국민 이주 지원 정책을 폈지만 자발적인 이민을 통한 식민 활동의 한계를 인식하게 되자, 유형민[죄수]과 가족을 매년 수 백 명씩 정착시키는 정책으로 전환했습니다. 특히 1852년 사할린에서 석탄이 발견되며 주요산업으로 등장하자 제정러시아는 러시아인들의 이주를 추진했습니다. 1869년에는 사할린을 공식 유배지로 공포하면서 유형자의 가족 동반을 허용했고 형기를 마친 유형자들도 섬에 남도록 유도했습니다. 이 같은 정책의 결과, 러시아인들에게 사할린 섬은 낭만적인 '자작나무의 섬'이 아니라 '악마의 섬'으로 깊이 각인되었습니다.

러시아인들은 1879년 이후 이주하기 시작해 1895년에는 147개의 러시아인 촌락이 건설되었고, 러일전쟁 이전까지 러시아인 인구가 4만 명을 넘었으며, 아이누를 비롯한 선주민은 전체인구의 15%[1897년]를 밑돌았습니다.

이같이 사할린은 제정러시아의 영토였는데, 남사할린은 언제부터 일본의 영토가 되었을까요?

남사할린이 일본의 영토가 된 것은 1905년 러일 전쟁 및 러일 강화조약[1905.9.5]의 결과였습니다. 이 조약에 따라 북위 50도 이남의 사할린과 인근 도서[면적은 36,090㎢. 남북 길이 455.6㎞]가 일본에 양도되었습니다. 남사할린을 장악한 일본은 지명을 가라후토樺太로 정하고 1907년 도요하라[豊原. 원래 지명 블라디미로프카]에 화태청樺太廳을 설치했습니다. 그리고 이전 까지 사할린의 중심지로 기능하던 콜사코프Korsakov를 오도마리大泊로 고치고 홋카이도北海

道와 남사할린을 연결하는 중계지로 삼았습니다. 콜사코프는 아니바만의 어업 중심지로 기능하였고, 1914년에는 오지王子제지의 펄프공장이 건설되었습니다.

남사할린 통치에 만족하지 않았던 일본은 1917년, 볼쉐비크 혁명으로 제정러시아가 무정부상태에 들어서자 이 기회를 이용해 1920년, 북사할린을 점령하고, 알렉산드로프스크에 석탄회사[북화태광업주식회사], 오하에 석유회사[북화태석유주식회사]를 설립했습니다. 소련이 들어서자 1925년, 일본은 북사할린에서 철수했으나 이들 기업에 대한 일본의 기득권은 1944년까지 보장되었습니다.

일본의 화태樺太 통치 약사

- 여명시대(1907~1912) : 둔전병 체제를 시발점으로 하는 개척. 농민의 이주 중심(토지 대부)
- 자유이민시대(1912~1926) : 일반인을 대상으로 이민 모집
- 집단이민시대(1926~1935) : 계획적인 자원개발을 위한 이민. 홋카이도 입식(入植)이 대다수
- 전쟁동원시기(1937년 이후) : 1938년부터 일본 본토와 조선에서 조선인 강제동원

초기 일본의 사할린 영유목적은 러시아에 대한 대응책이라는 군사전략상의 필요 때문이었으나 사할린 영유가 확정된 이후에는 어업, 임업, 펄프공업, 석탄채굴 등 산업적 측면이 강조되기 시작했습니다. 이에 따라 분야별 척식사업을 진행하고 이를 위해 이주민 입식 사업도 추진되었습니다. 아시아태평양전쟁이 일어난 후에는 조선인들의 동원이 본격화됩니다.

물론 소수이기는 하지만 이른 시기부터 조선인들이 사할린에 들어갔습니다. 사할린 섬에 이주한 조선인 역사를 남과 북으로 나누

어 살펴보면 다음과 같습니다.

조선인 이주 과정(북사할린)	조선인 이주 과정(남사할린)
1870년대, 1880년대 조선인 어부 수십 명이 정착	
1905년 이후, 조선인 정치망명자들이 이주	
1910년, 조선인 정치망명자들이 '상호부조협회'를 조직하고 토지를 구입. 도우에 광산에서 조선인과 중국인 노동자 500명이 파업을 일으켰으나 군부대에 의해 진압. 이후 조선인 광부들의 활동(파업 등)이 조직적으로 이루어짐	1919년, 조선인 광부 500명이 취로
1920년, 일본의 북사할린 점령 이후 남사할린 지역의 조선인들이 북사할린으로 이주하여 광산과 유전에서 노동자로, 어부로 일을 함(1920년 609명/ 1923년 1,431명/ 1931년 1,767명)	1920년대 중반 이후, 연해주나 북사할린에서 온 조선인들이 거주
1937년, 소련정부에 의해 북사할린 거주 조선인 1,155명이 소련 대륙으로 강제 이주됨	1938년, 국가총동원법에 의거한 강제동원 개시
	1941년 ~ 1943년, 탄광개발을 위해 조선인 성인남자 16,113명을 동원
	내무성, 1943년부터 정책적으로 탄광노동자의 생산성 증대를 위해 가족 이주 조치(가족모집)
	1944년 9~12월 : 주요 탄광(12개소)을 폐산하고 조선인 탄부 3,191명을 일본 본토로 이동(전환탄부, 재징용). 가족을 강제적으로 분리

일본 정부가 화태를 차지한 이후 전략적 가치와 자원 개발의 효율성을 인정하고 각종 자원 확보에 노력을 기울이면서 조선인 노동력에 대한 필요성도 높아졌습니다. 초기에는 중국인 노동자들이 철도공사와 제지공장, 탄광 등지에서 일을 했으나 1920년대에 들어서는 조선인의 수가 중국인 노동자수를 넘어섭니다. 조선인 노동력의 증가는 일본의 전쟁 발발 이후 더욱 촉진되었습니다.

〈표〉 화태 인구내역 추이

연도	총인구	일본인	원주민	외국인	중국인	조선인		
						남	여	총수
1906	12,361	10,806	1986	227	13	17	7	24
1921	103,630	101,329	1724	96	19	434	28	462
1925	189,036	183,742	1724	161	203	2,324	882	3,206
1930	284,930	277,279	1933	184	175	3,703	1,656	5,359
1935	322,475	313,115	1955	249	103	4,521	2,532	7,053
1936	321,765	312,926	1876	237	122	4,231	2,373	6,604
1937	326,946	318,321	1746	218	69	4,153	2,439	6,592
1938	339,357	329,743	1648	233	108	4,803	2,822	7,625
1939	355,330	344,342	1666	225	101	5,915	3,081	8,996
1940	398,838	380,803	1660	213	106	11,661	4,395	16,056
1941	406,557	386,058*	425	202	104	13,603	6,165	19,768
1943*	–	–	–	–	–	18,213	7,552	25,765
1944*	–	–	–	–	–	–	–	26,825

* 1941년의 일본인 통계에는 아이누인 포함
* 1943,1944 통계 :長澤秀, 「戰時下南樺太の被强制連行朝鮮人炭礦夫について」, 24쪽, 표3 재인용
〈자료〉『樺太要覽』, 『樺太廳統計書』, 『樺太廳治一斑』(朝鮮人强制連行眞相調査團編『朝鮮人强制連行强制勞働の記錄 – 北海道・千島・樺太編』, 現代史出版會, 1975, 352쪽 재구성)

〈정혜경〉

도움이 되는 글

ミハイル・スタニスラヴォヴィチ・ヴィソーコフ他著, 板橋政樹 訳, 『サハリンの歴史 : サハリンとクリル諸島の先史から現代まで』, 札幌 : 北海道撮影社, 2000
국립민속박물관, 『러시아 사할린·연해주 한인동포의 생활문화』, 2001
방일권, 「해제」, 『강제동원구술기록집2 – 검은 대륙으로 끌려간 조선인들』, 국무총리소속 일제강점하강제동원피해진상규명위원회, 2006
정혜경, 『일본제국과 조선인노무자 공출』, 선인출판사, 2011
국무총리소속 대일항쟁기강제동원피해조사 및 국외강제동원희생자 등 지원위원회, 『사할린 강제동원 조선인들의 실태 및 귀환』, 2011

중요한 낱말 | ★

사할린, 가라후토, 화태, 도요하라, 화태청, 러일전쟁

古屯(포베지노)
氣屯(스미르늬흐)

西栅内(보스냐코보)
名好(레소고르스크)

名好
敷香

上敷香
(레오니도보)
敷香(포로나이스크)
內路(가스텔로)

搭路(쇼료르스크)
惠須取(우글레고르스크)

泊岸(바흐루셰프)

多来加
쩨르뻬니야만

惠順取

元泊

知取(마카로프)

오호츠크해

珍内(크라스노고르스크)

元泊(보스토치늬이)
馬軍潭(푸가쵸브)

久春内(일리인스키)
名寄(펜젠스코에)
泊居(토마리)

泊居

白蒲(브즈모리예)

野田(체흡)
蘭泊(아브로치늬이)
眞岡(홈스크)

眞岡

内淵
(브이코프)
川上
(시네고르스크)

(스타로둡스코에)
落合(둘린스크)
大谷(소룔)
豊原(유즈노-사할린스크)
富内(오오츠코에)

本斗(네벨스크)
内幌(고르노자봇스크)
南名好(세부니노)

本斗

留多加
(아니와)

留多加

豊原市

大泊
(코르사코프)
亞麻
아니바만

大泊

遠淵(무라비요보)

海馬島
모데른 섬

宗仁(쿠즈네초바)

그림 64 화태(남사할린) 주요 지역의 지명 : 방일권 박사 작성

남사할린에 강제동원된 조선인은 두 가지 방식으로 동원되었습니다. 하나는 한반도에서 직접 동원된 경우이고, 다른 하나는 일본 본토와 홋카이도 지역에서 이동한 경우입니다.

현재 한국정부가 공식적으로 밝힌 강제동원 피해자는 최대 3만명입니다. 조선총독부 재무국이 작성한 통계[1939~1943년간 조선인 노무동원 통계]에 의하면, 1939~1943년간 동원한 조선인 수는 16,113명이었습니다. 그러나 이 숫자는 조선에서 직접 동원한 숫자만을 의미하므로 현지동원 방식이나 조선총독부가 제시한 직종[석탄광산, 금속광산, 토목건축, 공장 기타] 외에 삼림채벌이나 수산업[고래잡이 중심]에 동원된 인원을 추가하면 3만명에 달하는 것으로 파악됩니다.

남사할린으로 가는 길은 멀었습니다. 부산과 여수를 통해 일본을 거쳐 가는 길이 대표적인 길이었는데 엿새에서 일 주일 가량 걸렸습니다.

> 고향집 → 부산(2박) → 시모노세키(下關. 2박) → 오사카(大阪) → 후쿠이(福井) → 아오모리(靑森. 2박) → 오타루(小樽. 1박) → 혼두(本斗. 2박) → 에스토르

탄광으로 가는 조선인들은 원산을 통해 사할린 탄광지역으로 곧바로 가기도 했습니다. 시간이 많이 단축되었겠지요.

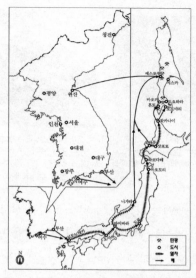

그림 65 일본을 거쳐 화태로 가는 이동 경로[위원회 김명환 전문위원 작성]

남사할린으로 동원된 조선인들은 낯선 작업과 매서운 추위를 함께 견뎌야 했습니다. 눈이 한 번 내렸다 하면 20리 앞이 모두 눈 속이고, 2층 건물 아래채가 다 파묻힙니다. 내리는 눈은 맞으면 엉겨서 얼어붙으니 연신 비벼서 털어내야 합니다. 막장까지 가는 데는 15~20분 정도 걸리는데, 그 사이에 눈에 빠져서 허우적거리기도 합니다. 눈이 두 세 길씩 쌓이니 사람이 폭 빠지는 것인데요. 사람이 눈 속으로 쏙~ 들어가면 움직이지 말고 가만히 서서 고개를 위로 쳐들고 소리를 질러야 합니다. 그러면 사람들이 몰려와 위에서 밧줄을 내려서 잡아 당겨줍니다. 자기 힘으로 빠져 나오려다가는 눈이 무너져 파묻혀 죽을 수 있었다고 하네요.

그림 66 눈 덮인 산에서 달구지를 이용해 나무를 나르는 모습[대일항쟁기 강제동원피해조사 및 국외강제동원희생자 등 지원위원회 소장 자료]

그림 67 샥쵸르스크(당시 지명 나요시)에 남은 옛 합숙소(나가야)의 모습. 창문 하나가 한 집이다. 화재로 소실되어 지금은 찾을 수 없다[2005.8.6. 위원회 촬영]

탄광에 일 갈 때에는 양말을 너 댓개씩 끼워 신고 그 위에 신발을 두 개씩 신고 나서야 할 정도였습니다. 양말을 두개 끼워 신고 그 위에 지카타비[地下足袋 : 노동자들이 신는 노동화의 일종. 바닥이 고무로 되어 있으며, 대부분은 엄지발가락과 나머지 발가락이 두 갈래로 갈라져 있고, 발목이 긴 장화 모양]를 신은 후 모포로 발싸개를 만들어서 발을 싸고 다시 고무장화를 신어서 바람을 막았습니다. 머리에는 선탄모選炭帽라고 하는 모자를 쓰고, 얼굴에 마스크[방한대]를 하고 장갑은 두개를 끼고, 눈만 빵~ 뚫고 이렇게 하고 나가면, 입김이 나오면서 눈 앞에 고드름이 매달릴 정도의 추위입니다.

탄광으로 동원된 조선인들은 탄광에서 가장 힘들다는 채탄작업에 동원되었습니다. 보통 남사할린에 도착한 후 하루 정도 휴식을 취한 후 현장 교육도 없이 곧바로 막장에 들어갔다고 합니다. 그래도 남사할린 탄광은 호퍼 등 여러 기계를 이용해서 탄을 운반했으므로 1944년에 일본에 비해서는 현장 사망률이 적었다고 합니다. 남사할린에 많았던 제지공장에 동원된 조선인들도 하는 일은 주로 제지공장에서 사용할 나무와 석탄을 나르고 불을 때는 일이었습니다.

그림 68 삭죠르스크(당시 지명 나요시) 사할린 현장에 남은 호퍼[2005.8.6. 위원회 촬영]

그림 69 화태 사진관에서 찍은 어느 탄부의 개인 사진[위원회 2007년도 전시회 도록 - 끌려간 삶·조각난 기억]

▶ 얼어붙은 땅에 억류된 한인들

일본이 항복하고 조국은 해방되었습니다. 그러나 남사할린 섬의 조선인은 조국이 해방을 맞은 이후에도 '한국인'이 되지 못하고, '얼어붙은 땅'에 '억류된 동포'가 되었습니다.

소련은 1945년 8월 8일 대일선전포고를 발령한 후 남사할린으로 진격해 23일 도요하라[豊原, 유즈노사할린스크]에 진주하고 소야해협宗谷海峽을 봉쇄했습니다. 해협 봉쇄 전 약 10만 명에 달하는 일본인들이 본국으로 탈출했으나, 약 30만 명의 주민들은 떠나지 못했습니다.

1946년 3월 연합군총사령부[GHQ]는 「귀환[引揚]에 관한 각서覺書」를 공표하고, 이 각서를 기초로 도쿄東京에서 「소련지구귀환蘇聯地區引揚에 관한 미소협정」을 체결[12.19]했습니다. 이에 따라 1947년 봄부터 1948년 여름까지 남사할린과 쿠릴 열도에 있던 일본국민 264,063명[아이누 포함]이 본국으로 돌아갔지만, 한인은 제외되었습니다.

일본은 자국민의 송환에는 적극적이었으나 한인 송환문제에 대해서는 철저히 외면했습니다. 일본정부는 사할린 한인들의 귀환을 미·소 양국에 건의할 책임이 있었으나, 어떠한 노력도 하지 않았고, 오히려 미소간 협정에 의해 사할린 거주 일본인의 집단귀환이 결정되자, 귀환대상자를 "일본호적에 입적되어 있는 일본인"으로 한정해 한인을 귀환대상에서 제외했습니다.

미국은 사할린 거주 한인 문제에 대한 별다른 이의를 제기하지 않고 협정을 소련과 체결함으로써 한인을 송환대상에서 배제시키는데 일정한 역할을 했습니다. 오히려 한반도 남쪽을 차지하고 있던 미군정은 한인의 귀환이 사회 안정을 해친다는 입장을 전하기도 했습니다. 소련도, 일본인은 물론 폴란드인도 모두 귀국조치시켰으나 한인 귀환에 대해서는 무관심하다가 샌프란시스코강화조약이 발효되자 한인들의 귀국 길을 막아버렸습니다. 모두가 자국의 이익만을 생각할 뿐, 한인들의 귀국에는 관심이 없었습니다.

1956년, 일본은 남사할린에 남은 약 8만 명의 잔류 일본인들을 송환하기 위해 소련측과 교섭하여 「일소공동선언」을 발표

[1956.10.19]했습니다. 이 선언으로 사할린 잔류 일본인뿐만 아니라 가족인 한인들의 일본 송환 길이 열렸습니다. 그 결과 1957년 8월 1일부터 1959년 9월 28일까지 총 7회에 걸쳐 일본인 766명과 그 동반가족인 한인 1,541명이 귀환했습니다. 이로써 일본인 송환은 완료되었으나 한인들의 합법적인 귀국길은 막혀버려 1990년 한소수교 체결까지 기다려야했습니다.

1977년 소련 당국이 귀국운동을 하던 한인 40명을 북한으로 강제추방한 후 얼어붙은 귀국문제를 풀기 위한 노력은 일본에서 시작되었습니다. 주인공은 1957년에 일본으로 귀환한 박노학朴魯學이었습니다. 사할린 동포의 우편배달부를 자처한 박노학이 시작한 귀국운동은 1992년 영주귀국으로 결실을 이루었습니다.

관련 연표

- 1958년 : 사할린억류한국인회 결성[박노학, 도쿄. 이후 '화태귀환재일한국인회'로 개칭]
- 1965년 : 일본정부, 한국으로 영주하기 위한 귀환자를 위해 일부 비용 제공 의사를 밝힘
- 1968년 : 박노학, 영주귀국희망 사할린동포 명부(6,924명)를 국제접십자사와 한국 및 일본정부에 전달
- 1969년 : 한국정부, 귀환 요청자 목록(박노학 작성)을 공식적으로 일본정부에 제출
- 1970년대 : 일본변호사연합회, 사할린잔류한국인문제위원회 결성
- 1975년 : '화태귀환재일한국인회', 일본국을 피고로 '사할린잔류자 귀환청구소송'을 일본 동경지방법원에 제소
- 1977년 : 코르사코프시청사 앞에서 시위를 벌이는 등 적극적으로 남한 귀환을 요구한 도만상과 가족 등 5가구 총 40명의 한인이 북한으로 강제 송환
- 1981년 : 사할린잔류 한국인 일가족 3명이 일시 방일하여 한국의 가족과 재회

- 1983년 : 제네바의 국제연합인권위원회의 차별방지, 소수자보호소 위원회에 소청
- 1989년 : 한일정부간 영주귀국 결정. 소련정부, 사할린 한인의 한국방문 및 영주귀국 허가. 한민족체전 참가를 위해 한인 189명이 한국 방문. 이후 '일시모국방문사업'으로 정착(대한적십자사 주관)
- 1990년 : 한국의 대한변호사협회, 사할린교포법률구조회 결성
- 1992년 ~ 2004년 : 한국정부가 대지를 마련하고 일본정부가 아파트건립자금을 마련하여 안산, 서울, 인천, 춘천, 경북 고령 등 5개소에 정착촌을 건립(1,598명 귀환)
※ 1994년 한일영주귀국 시범 사업 실시, 2007년 한일영주귀국사업 확대
※ 대창 양로원(경북 고령), 춘천의 사랑의 집(춘천시), 고향 마을(안산시), 사할린동포 복지관(인천시), 서울 등촌동과 인천 연수동의 영구임대아파트
- 1995년 11월 이후 : 부모 사망 2세들의 모국방문 실시
- 2005년 6월~8월 : 정부 최초의 정부조사단 파견(위원회, 외교부, 적십자사)
- 2014년 12월말까지 19개 영주귀국촌으로 4,292명이 귀국 * 2010년 기준 사할린주 거주 한인 24,993명

그림 70 박노학의 모습[대일항쟁기위원회, 『조각난 기억』, 2013]

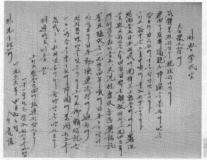

그림 71 편지 중 일부[대일항쟁기위원회 소장 자료]

그림 72 대일항쟁기위원회 소장 자료

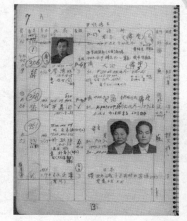

그림 73 사진까지 붙인 노트[대일항쟁기위원회 소장 자료]

그림 74 편지내용을 기초로 만든 명부[대일항쟁기위원회 소장 자료]

〈정혜경〉

도움이 되는 글

朝鮮總督府, 「第85回帝國議會說明資料」

長澤秀, 「戰時下南樺太の被强制連行朝鮮人炭礦夫について」, 『在日朝鮮人史研究』16, 1986

국무총리소속 일제강점하강제동원피해진상규명위원회, 『강제동원구술기록집2 – 검은 대륙으로 끌려간 조선인들』, 2006

국무총리소속 대일항쟁기강제동원피해조사 및 국외강제동원희생자 등 지원위원회, 『사할린 강제동원 조선인들의 실태 및 귀환』, 2011

정혜경, 『지독한 이별』, 선인출판사, 2011

정혜경, 『일본제국과 조선인노무자 공출』, 선인출판사, 2011

방일권, 「이루어지지 못한 귀환 : 소련의 귀환정책과 사할린 한인」, 『동북아연구논총』48, 2015

박승의, 『사할린 한인의 운명 : 역사, 현황과 특성』, 금강P&B 한림대학교 러시아연구소, 2015

중요한 낱말 | ★

사할린, 화태, 박노학, 강제동원, 소련, 영주귀국

각종 자료에 의하면, 남사할린에서 조선인들이 동원된 곳은 석탄광산, 금속광산, 토목건축, 삼림장[제지 공장의 근간], 수산업, 공장 등이었습니다. 2014년말 현재 한국 정부가 파악한 작업장 현황은 57개소[탄광산 38개소, 토목공사장 11개소, 제지공장 8개소]입니다.

조선총독부 재무국이 작성한 1939~1943년간 조선인 노무동원 통계에 의하면, 화태로 송출된 조선인은 16,113명입니다. 이를 직종별로 세분해보면, 석탄 광산이 10,509명, 금속 광산 190명, 토목건축 5,414명입니다.

탄광에 동원된 조선인이 가장 많은 것을 알 수 있습니다. 남사할린에서 탄광업은 1860년대 오다스小田洲탄광과 이후에 사루쓰猿津탄광, 오치호落帆탄광에 이어서 1913년에 가와카미川上탄광이, 1914년 시라우라白浦탄광이 개광했고, 1920년대에 에스토르惠須取지역에서도 탄광이 개발되었는데 1930년대 이후에 본격적으로 문을 열었습니다. 남사할린 탄광은 양과 질에서 모두 뛰어난 수준이었습니다. 1935년 당시 매장추정량은 약 26억톤으로 일본 규슈 치쿠호筑豊탄전에 비견되는 규모였으며, 열량이 높고 제철용 코크스로 적당한 역청탄이었습니다.

그림 75 1940년대 사용했고, 2005년도에도 가동 중이었던 미쓰비시(三菱) 도로(塔路) 탄광 선로 모습(2005.8.6. 촬영)

　　남사할린에서 가동된 탄광은 56개이고, 이중 38개 작업장에서 조선인 동원이 확인됩니다. 조선인 동원 작업장의 분포를 살펴보면 약 2/3이 서해안 북부탄전에 집중되어 있음을 알 수 있습니다. 탄광 중에는 미쓰비시三菱, 미쓰이三井, 오지제지王子製紙, 닛테쓰日鐵 계열 등 대자본이 운영한 사업장[현존기업]도 다수 있는데, 이곳에 조선인들이 동원되었습니다.

주요 자본별	운영 탄광
미쓰비시(三菱)	미나미가라후토(南樺太)탄광철도(주) 관리 : 나이호로(內幌)탄광, 도로(塔路)탄광, 기타코자와(北小澤)탄광, 시라우라(白浦)탄광
미쓰이(三井)	미쓰이광산 관리 : 나이카와(內川)탄광, 가와카미(川上)탄광, 니시사쿠탄(西柵丹)탄광, 치모로(千緒)탄광
오지(王子)제지	가라후토(樺太)광업(주) 관리 : 시리토루(知取)탄광, 다이에이(大榮)탄광, 다이헤이(大平)탄광, 하쿠초사와(白鳥澤)탄광
닛테쓰(日鐵)광업	안베쓰(安別)탄광, 도마리케시(泊岸)탄광

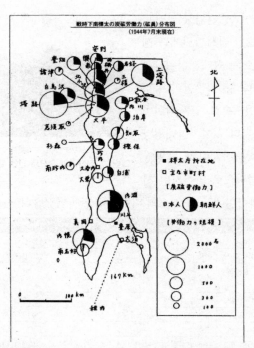

그림 76 화태 탄광 조선인노무자 분포도[長澤秀, 「戰時下南樺太の被强制連行朝鮮人炭礦夫について」 37쪽]

조선인들은 탄광뿐만 아니라 남사할린 각지에 산재한 토목건축 공사장으로도 동원되었습니다. 토목건축은 직종이 광범위합니다. 사할린의 주요산업인 탄광업 개발을 위한 부대 공사가 동시다발적으로 이루어졌기 때문입니다. 탄광직원숙소를 비롯해서 탄광산에 부속된 각종 시설 건축은 물론, 탄광개설을 위한 철도와 도로를 정비하는 일도 시급했습니다. 탄광 이외의 산업시설이나 기반 시설 건축도 활발했는데, 이런 공사장에 조선인들이 동원되었습니다.

이러한 일반 산업시설 외에 비행장이나 군사기지 구축에도 많은 조선인들이 동원되었습니다. 1945년 2월 남사할린에는 제 88사단 소속 화태혼성여단과 화태헌병대 등 일본군이 주둔하고 있었으므로 군사시설이 필요했습니다. 아시아태평양전쟁이 동남아시아와 태평양에서 본격적으로 벌어지던 시

포로나이스크·사할린 송장 2003년 6월 24일

그림 77 조선인의 손으로 만든 철도, 지금도 사용 중

기에 남사할린에는 10개소의 비행장이 만들어졌습니다.

비행장 이름	현재 지명	활주로 수	길이/폭(m)	포장
게톤(氣屯)비행장	스미르니흐	1	1200/100	콘크리트
쇼토아(初間)비행장	마트로소보	2	1200/100	콘크리트
가미시스카(上敷香)비행장	레오니도보	1	1300/200	아스팔트
나이로(內路)비행장	가스텔로	1	1200/150	콘크리트
도로(塔路)비행장	샥쵸르스크	1	1200/100	콘크리트
오타니(大谷)비행장	소콜	2	1000/100	콘크리트
오사와(大澤)비행장	유즈노사할린스크	1	1200/100	아스팔트
오도마리(大泊)비행장	코르사코프	2	1200/100, 1150/150	콘크리트
이케즈키(池月)비행장	타라나이	1	1000/80	불명
고노토로(小能登呂)비행장	코스트롬스코에	1	1200/100	콘크리트

탄광산과 토목건축공사장 다음으로 많은 조선인이 동원된 곳은 오지제지의 펄프공장 및 이에 부속한 벌목장입니다. 남사할린은 풍부한 삼림자원을 기반으로 일찍부터 오지제지가 공장을 도처에 설립했습니다. 제지공장이 세워진 곳은 도요하라[豊原, 현재 사할린주 도시 유즈노사할린스크] 등 모두 8개 지역입니다.

제지공장이 있었던 8개 지역은 세 가지 공통점이 있었습니다. 첫째, 모두 도시 지역이었습니다. 둘째, 지역 주변에 탄광이 발달해 있었습니다. 셋째, 도요하라와 오치아이落合를 제외한 지역은 모두 항구 지역이었습니다.

세 가지 공통점은 무엇을 의미할까요? 제지공장에 필요한 것은 목재와 수송로, 그리고 석탄이기 때문입니다. 벌목장에서 목재를 벌목해서 수송로를 통해 공장으로 보내면 공장에서는 석탄을 이용해 종이를 생산했고, 생산된 종이는 다시 항구 등 여러 수송로를 통해 일본 본토는 물론 조선 등 여러 지역에 보냈습니다. 수송로가 발달한 도시지역에 공장을 세운 이유를 알 수 있습니다.

그림 78 남사할린 비행장 및 펄프공장 분포도

〈정혜경〉

도움이 되는 글

국무총리소속 대일항쟁기강제동원피해조사 및 국외강제동원희생자
등 지원위원회, 『사할린 강제동원 조선인들의 실태 및 귀환』, 2011
정혜경, 『일본제국과 조선인노무자 공출』, 선인출판사, 2011
坂本悠一 編, 『地域のなかの軍隊 7- 植民地 帝國支配の最前線』, 吉
川弘文館, 2015

중요한 낱말 | ★

남사할린, 미쓰비시, 미쓰이, 오지제지, 닛테쓰, 제지공장, 탄광산, 토목
건축, 비행장

일본은 아시아태평양전쟁을 치르기 위해 인적·물적 자원, 자금을 총동원했습니다. 이를 위한 근거는 국가총동원법입니다. 그러나 총동원전쟁을 위한 준비는 이전 시기부터 시작되었습니다. 물적 동원을 위해서는 이미 1929년에 각의결정을 통해 '자원통제운용계획'을 수립하고 물자를 확보하기 위한 업무를 시작했습니다. 물자를 동원하기 위해서는 제국 일본 영역에 어떤 물자가 있는지 알아야 하므로 지역별로 자원조사를 했습니다.

일본이 만주를 침략하고 만주국을 세운 이후에는 '외지총동원계획 관계회의'를 개최[1934년 6월]하고 잠정총동원기간기간계획을 설정하는 등 본격화했습니다. 중일전쟁을 일으킨 이후에는 '국가총동원법안준비위원회'를 설치[1937년 11월]하고 처음으로 물자동원계획도 세웠습니다.

그 후 중일전쟁을 일으킨 이후부터는 물자를 통제하고 전쟁수행을 위해서만 사용하도록 했습니다. 1937년과 1938년에 '중요산업의 통제에 관한 법률' 등 14건의 관련 법률을 제정하고 전담기구로써 조선총독부에 '자원과'를 설치했습니다. 그리고 매년 연도별 물자동원계획과 생산력확충계획을 수립하고 운영했습니다.

또한 일본은 국가총동원법에 동원해야 할 물자의 종류를 박아두었습니다. 그리고 매년 생산력확충계획을 수립해 품목과 규모를 확정했습니다. 이 품목을 생산하고 수송하며, 비행기가 출격할 비행장과 각종 군사시설지는 물론, 전쟁 말기에는 자살특공작전을 펼칠 군사기지가 필요했습니다.

대일항쟁기 위원회가 공개한 자료[2014년말 기준]에 의하면, 일본 지역에는 총 4,126개소의 강제동원 작업장[일본군 주둔지 제외]이 있습니다.

〈일본 도도부현별 현황 〉

지역	작업장 수	지역	작업장 수
홋카이도北海道	381	오이타현大分縣	53
후쿠오카현福岡縣	251	구마모토현熊本縣	53
효고현兵庫縣	243	지바현千葉縣	53
가나가와현神奈川縣	228	사이타마현埼玉縣	51
도쿄도東京都	194	나라현奈良縣	51
오사카부大阪府	185	미에현三重縣	49
히로시마현廣島縣	172	에히메현愛媛縣	49
야마구치현山口縣	158	교토부京都府	48
나가사키현長崎縣	155	고치현高知縣	42
아이치현愛知縣	141	군마현群馬縣	42
시즈오카현靜岡縣	122	미야자키현宮崎縣	39
나가노현長野縣	115	후쿠이현福井縣	37
후쿠시마현福島縣	87	이와테현岩手縣	37
사가현佐賀縣	79	야마가타현山形縣	34
아키타현秋田縣	78	시마네현島根縣	33
미야기현宮城縣	74	와카야마현和歌山縣	32
니가타현新潟縣	72	이시카와현石川縣	27
이바라키현茨城縣	70	도쿠시마현德島縣	24
도치키현栃木縣	69	돗토리현鳥取縣	21
가고시마현鹿兒島縣	67	시가현滋賀縣	19
선박회사(지역 특정할 수 없음)	65	야마나시현山梨縣	18
오키나와현沖繩縣	64	가가와현香川縣	13
기후현岐阜縣	59	이와테현岩手縣 /아키타현秋田縣	1
도야마현富山縣	58	불상	3
아오모리현青森縣	55	기타	1
오카야마현岡山縣	54		

일본의 도도부현별 분포를 보면, 홋카이도北海道가 가장 많은 작업장을 운영했음을 알 수 있습니다. 홋카이도에는 탄광산이 117개소로 매우 많았습니다. 후쿠오카도 탄광산이 124개소로 직종별 분포에서 비율이 높았던 지역이므로 도도부현별 분포에서 작업장 수가 다수인 지역은 모두 탄광산지역임을 알 수 있습니다.

직종별로 살펴보면 다음과 같습니다.

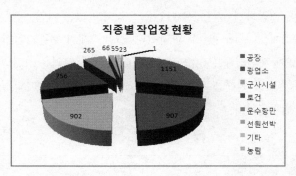

직종별 작업장 현황을 보면, 공장과 광업소, 군사시설, 토건 순서로 많음을 알 수 있습니다. 탄광지역은 규슈[九州, 후쿠오카가 가장 많음]와 조반[常磐, 후쿠시마와 이바라키 지역], 홋카이도 등 크게 세 탄전입니다. 군사시설은 군사기지나 비행장, 자살특공기지 등을 의미하는데 일본 전국에 골고루 분포되어 있음을 알 수 있습니다. 이 가운데 토건을 세부적으로 살펴보면, 지하공장 건설이 186건, 발전소 111건, 철도건설 58건, 토건 일반[공장이나 도로 개설 등] 401건으로 구성되어 있습니다.

이들 작업장 숫자는 한반도에 비해서는 반 정도로 적지만 일본 47개 도도부현 중 빠진 지역이 단 한 군데도 없을 정도였습니다.

가장 더운 오키나와에서 가장 춥다는 홋카이도 까지, 말도 통하지 않고 기후와 풍토도 낯선 곳으로 조선인들이 모두 동원되었음을 짐작할 수 있습니다.

일본 47개 도도부현都道府縣에 운영한 작업장 가운데에는 일본 육해군이 직접 운영한 작업장도 있었으나 대부분은 일본정부로 부터 물품 공출을 의뢰받은 기업이 운영하고 있었습니다. 이들 기업 가운데 지금까지 일본에서 기업을 운영하고 있는 기업, '현존기업'은 333개[2004년말 기준]로 파악됩니다. 333개의 현존기업이 무려 1,422개 작업장을 운영하고 있었습니다. 현존기업은 기업의 병합과 통폐합 등 변천을 거듭하고 있으므로 조사 시기에 따라 숫자는 계속 변동됩니다.

〈정혜경〉

도움이 되는 글

안자코 유카, 「조선총독부의 총동원체제(1937~1945)형성 정책」, 고려대학교 대학원 사학과 박사학위논문, 2006
국무총리 소속 대일항쟁기 강제동원피해조사 및 국외강제동원희생자 등 지원위원회, 『2013 학술연구용역보고서 - 일제강제동원 동원 규모 등에 관한 용역』
정혜경, 『징용 공출 강제연행 강제동원』, 선인출판사, 2013

중요한 낱말 | ★

노무동원, 현존기업, 홋카이도, 규슈, 조반

일본이 1941년 12월 7일[일본시간 12월 8일] 미국 하와이섬의 진주만을 기습공격하여 태평양전쟁이 발발하게 된 것은 이미 잘 알려진 사실입니다. 일본은 전선이 태평양지역으로 확대되자, 이듬해인 1942년 2월 13일에 군수물자 등을 안정적으로 생산하기 위한 노동자 확보를 위해 '조선인 노무자 활용에 관한 방책'을 각의 결정하여 일본에 거주하고 있던 조선인을 징용 혹은 국민근로보국대로 동원하게 됩니다.

기록으로 확인할 수 있는 경우를 예를 들어 봅시다. 일본정부는 1942년 9월 해군성 관계 작업장으로 조선인을 동원할 목적으로 아래와 같은 통첩을 하달하였습니다.

(1) 토목작업자, 갱부, 지주부支柱夫 등에 대해서는 가능한 한 반도인으로 충당하고 그 밖의 직종에 대해서는 제외시킬 것

(2) 반도인[半島人] 노무자 취급요령으로서

① 국어[일본어]에 정통할 자일 것

② 사상이 견실하고 성행이 선량한 자일 것

③ 독신자로서 가능한 한 30세 미만인 자일 것

④ 조사등록에 의거하여 연명표를 작성할 것

⑤ 조사등록 및 전형에 있어서는 협화회, 경찰, 헌병 등과 긴밀하게 연락하여 유감없도록 할 것

이리하여 요코스카橫須賀, 구레吳, 사세보佐世保, 마이즈루舞鶴에 있는 해군 건축부로 징용할 노무자 총 5,203명이 각 지역별로 할당되었습니다. 이를 위해서 조선인 17,188명에게 출두명령을 내렸고, 그 중 9,816명이 출두하여 최종적으로 4,293명이 징용에 처해졌습니다.

이외에도 일본에 살고 있던 조선인을 강제동원하는 방법으로 '현원징용現員徵用'이라는 것이 있습니다. 이는 현재 근무중인 공장, 작업장 등 직장이 송두리째 국가에 의해 '징용'되는 바람에 거기에 소속된 노동자, 직원 전원이 징용되는 경우를 말합니다. 다시 말해서, '현원', 즉 현재 가동중의 인원을 '징용'한다는 의미입니다. 매우 무자비한 방법인 듯 합니다만, 법률에 근거하여 체계적으로 실시하였습니다. 예를 들어 1943년 10월 31일에 이와 같은 내용의 '군수회사법'을 공포하여 같은 해 12월 17일부터 시행에 부칩니다. 그리하여 1944년 1월, 4월, 12월 및 1945년 6개 사 지정에 이르기까지 총 688개 사에 이르는 기업이 군수회사로 지정되어 '현원징용'에 부쳐졌습니다.

보통 법률에 근거하여 '징용'이나 '징병'을 실시할 경우에는 국가가 '명령서'를 교부합니다. 이를 '영서슈書'라고 하는데요, 하지만 '군수회사법'에 의해 징용되는 경우에는 이와 달랐습니다.

아래 사진에서 보는 바와 같이 국가가 지정하는 회사에 징용된 것으로 간주할 터이니 그렇게 알라고 '고지告知'하는 것으로 끝났습니다. '아닌 밤중에 홍두깨'라고 어느 날 아침 일어나보니 자기의 신분이 '징용자'가 되어 버린 것이지요. 참고로, '현원징용'이 아니라 새롭게 '국민징용령'에 의해 징발하는 경우는 '신규징용'이라고

합니다. 앞서 말한 해군 건축부에 징용된 조선인들은 여기에 해당
됩니다.

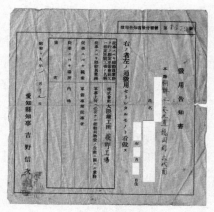

그림 79 징용고지서

※ 고지서에는, "오른쪽의 사람은 왼쪽과 같이 징용된 사람으로 간주한다"고 되어 있다. 昭和19년
(1944년) 1월 17일의 발부 날짜는 '군수회사법'에 의해 제차 지정이 이루어진 날이다. [대일항쟁기
강제동원 피해조사 및 국외 강제동원 희생자 등 지원위원회 소장]

〈허광무〉

도움이 되는 글

朴慶植編『在日朝鮮人関係資料集成』第4巻、三一書房、1976年
朴慶植『天皇制国家と在日朝鮮人』社会評論社、1976年
戦後補償問題研究会『戦後補償問題資料集』第2集、1991年

중요한 낱말 | ★

현원징용, 군수회사법, 징용고지서

강제동원은 한반도, 일본, 남사할린, 중국 관내, 만주, 타이완, 동남아시아. 태평양 등 일본이 식민지로 삼았거나 점령한 지역, 전투지역 모두를 대상으로 합니다. 한반도의 조선인들은 일본 등 한반도 밖으로 가기도 했지만 가장 많은 숫자는 한반도로 동원되었습니다.

일본정부의 공식 통계에 의하면, 한반도로 동원한 조선인의 수는 무려 6,508,802명이나 됩니다. 당시 조선의 인구가 2500만명 정도였으니 650만명이라고 하면, 인구의 40%에 해당하는 많은 숫자가 되나요? 그렇게 생각할 수도 있겠지요. 그러나 사실은 그렇지 않습니다.

당시 한반도로 동원되는 경우에는 한 사람이 2회나 3회 등 여러 번 동원되고, 이후에 다시 일본 등 한반도 밖으로 노무자나 군무원, 징병으로 동원됩니다. 그러니 6,508,802명은 중복重複 숫자이지요.

또한 6,508,802명 가운데 대다수를 차지하는 5,782,581명은 보국대나 봉사단, 근로단, 청년단 형식으로 도내道內로 동원된 사람들입니다. 국민징용과 관알선으로 멀리 타지他地에 동원된 사람들이나 인근 마을이라 하더라도 징용된 사람들은 726,221명이 됩니다.

	노무동원		계
한반도	도내동원	5,782,581	6,508,802
	관알선	422,397	
	국민징용	303,824	

그럼 일본 당국은 이 많은 사람들을 다른 곳으로 보내지 않고 왜 한반도에서 일을 시켰을까요? 이 많은 사람들은 한반도에서 무슨 일을 했을까요?

전쟁을 하려면 물자와 인력이 모두 필요합니다. 전쟁은 군인이 있다 해서 치를 수 없기 때문이지요. 물자가 있어야 하고, 물자를 생산하는 노동력이 있어야 하고, 물자를 생산하는 원료 자체가 있어야 합니다.

당시 일본에서 병사 한명을 전쟁터에 내보내기 위해서는 13~18명의 노동력이 필요했다고 합니다. 병사가 사용해야 할 무기는 물론, 입는 옷이나 양말, 신발 까지 모두 제공해야 합니다. 병사들이 타고 다니는 트럭이나 비행기, 군함도 모두 병사가 아닌 민간인들이 만들어야 하는 물품입니다. 트럭이나 비행기, 군함을 만들기 위해 돌려야 하는 기계는 석탄이 있어야 가능하지요. 군함과 비행기를 만들기 위해서는 철강이 필요하고, 병사들의 옷을 만들기 위해서는 옷감이 필요합니다. 석탄도 탄부들이 캐야 하고, 탄부들이 캐낸 석탄이나 군수공장에서 만든 물품을 화물차와 선박에 싣는 일도 누군가가 해야 합니다. 비행장과 도로, 철도도 사람의 손을 빌리지 않으면 불가능합니다. 병사들이 먹을 식량을 생산해서 제공해야 합니다. 이렇게 물자와 노동력이 뒷받침되어야 병사들은 움직일 수 있고 전쟁을 수행할 수 있습니다.

그래서 일본은 국가총동원법에 동원해야 할 물자의 종류를 박아 두었습니다. 국가총동원법에 따르면, 총동원 물자는 군용 물자[병기·함정·탄약 기타], 피복·식량·음료·사료, 위생용 물자[의료품·의료 기계 기구 등], 운수용 물자[선박·항공기·차량 등], 통신용 물자, 토목건축용 물자, 조명용 물자, 연료[석탄과 광물자원]및 전력입니다.

이런 필요한 물자 가운데 한반도에서 공출해야 할 물자는 매우 많습니다. 일본국민과 병사들이 먹어야할 쌀과 곡식이 있고요. 일본에서 거의 생산되지 않는 철광석은 물론, 망간망·코발트·전기동·형석·알루미늄·석면·운모·마그네슘·면화·양모·시멘트·카바이트·공업염·석탄·고무·소다·곡물 등 수십 종에 달했습니다. 전쟁 말기에는 목선은 물론이고 식용 소금이나 링거액과 같은 약품도 모두 한반도에서 가져갔습니다. 조선총독부는 매년 조선 전체에서 생산되는 쌀의 약 50~60%를 공출하도록 했습니다.

이렇게 많은 물자를 생산하고, 수송하려면 공장도 있어야 하고, 탄광과 광산도 있어야 하고, 물자를 실어낼 철도와 선박도 있어야 합니다. 전기를 생산할 댐을 건설해야 하고 목선을 만들 나무를 잘라내야 합니다. 철로가 있어야 하고 도로가 있어야 합니다. 그리고 공장과 탄광산에서, 댐과 철도공사장에서 일 할 사람이 필요하지요. 생산한 물자를 철도와 선박에 실어 나를 수송인력도 필요하지요. 그 외 군이 사용할 비행기장 만드는 일에도 노무자가 동원되었습니다. 그래서 이 많은 사람들이 동원되었던 것입니다.

이들이 작업한 작업장은 2014년 말 기준 대일항쟁기위원회의 조사 결과에 의하면, 무려 7,573여개소에 달하고, 탄광산만 해도

5,558개소에 달합니다. 마을마다 광산이나 탄광이 없었던 지역을 찾기 어려울 정도입니다.

그림 80 전남 해남 옥매광산의 다이나마이트 창고

그림 81 광석을 운반하기 위해 만든 구조물[해남 옥매광산]

그림 82 노천광산에서 노무자들이 수압궤도를 이용해 광물을 운반하고 아슬아슬하게 레일 위에서 일하는 모습[최석로, 「사진으로 보는 독립운동(하)」, 서문당, 2011 수록]

한반도에는 노무자만 있었던 것이 아닙니다. 많은 군부대가 있었습니다. 해군이 있었던 진해는 물론이고 서울과 대구, 수원, 대전, 여수, 목포, 평양, 원산, 청진, 함흥 등 주요 대도시에는 모두 군부대가 있었지요. 791개소의 군부대가 확인되고 있습니다. 보병은 물론이고 고사포부대와 해군도 있었습니다.

군부대에 동원된 사람들은 군인[지원병志願兵, 징

그림 83 일본군이 광주광역시 화정동에 조성한 유류저장소

병徵兵]이지만 군인만 있었던 것은 아닙니다. 군시설[지하 시설물, 비행장 등]을 만들기 위한 민간인도 있었습니다. 이들을 군무원軍務員이라 하는데 해군군무원이 동원되었던 곳도 42개소 확인되었습니다.

한반도에 군무원과 군인이 몇 명이나 주둔하고 있었는지에 대해서는 통계로 확인할 수 없습니다. 그 이유는 부대가 한 군데에 주둔하는 것이 아니라 작전에 따라 수시로 배치지역이 바뀌기 때문이지요.

〈정혜경〉

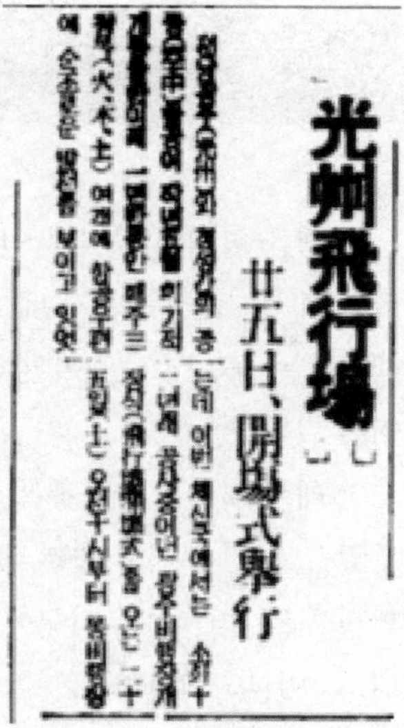
光州飛行場
廿五日、開場式擧行

그림 84 광주비행장 개장을 알리는 『동아일보』의 기사

도움이 되는 글

최석로, 『사진으로 보는 독립운동(하)』, 서문당, 2011
정혜경, 『징용 공출 강제연행 강제동원』, 선인출판사, 2013
국무총리 소속 대일항쟁기 강제동원피해조사 및 국외강제동원희생자 등 지원위원회, 『2013 학술연구용역보고서 – 일제강제동원 동원규모 등에 관한 용역』
정혜경, 『우리마을속의 아시아태평양전쟁 유적– 광주광역시』, 선인출판사, 2014

중요한 낱말 | ★

징용, 공출, 노무동원, 군무원, 국가총동원법, 한반도

전쟁을 하려면 물자와 인력이 모두 필요합니다. 전쟁은 군인이 있다 해서 치를 수 없기 때문이지요. 물자가 있어야 하고, 물자를 생산하는 노동력이 있어야 하고, 물자를 생산하는 원료 자체가 있어야 합니다.

그래서 일본은 국가총동원법에 동원해야 할 물자의 종류를 박아 두었습니다. 그리고 매년 생산력확충계획을 수립해 품목과 규모를 확정했습니다. 일본 당국이 조선에 할당한 공출 품목은 매우 많습니다. 일본국민과 병사들이 먹어야할 쌀과 곡식이 있고요. 일본에서 거의 생산되지 않는 철광석은 물론, 망간망 · 코발트 · 전기동 · 형석 · 알루미늄 · 석면 · 운모 · 마그네슘 · 면화 · 양모 · 시멘트 · 카바이트 · 공업염 · 석탄 · 고무 · 소다 · 곡물 등 수십 종에 달했습니다. 전쟁 말기에는 목선은 물론이고 식용 소금이나 링거액과 같은 약품도 모두 한반도에서 가져갔습니다.

물론 물자를 동원하기 위해서는 제국 일본 영역에 어떤 물자가 있는지 알아야 하므로 지역별로 자원조사도 했습니다. 1930년 6월에 '조선자원조사위원회 규정'을 만들고 250여개 품목을 대상으로 생산액 등을 조사했습니다.

그 후 중일전쟁을 일으킨 이후부터는 물자를 통제하고 전쟁수행을 위해서만 사용하도록 했습니다. 1937년과 1938년에 '중요산업의 통제에 관한 법률' 등 14건의 관련 법률을 제정하고 전담기구로써 조선총독부에 '자원과'를 설치했습니다. 그리고 매년 연도별 물자동원계획과 생산력확충계획을 수립하고 운영했습니다.

근거	내용
국가총동원법 (1938.4.공포) 총동원물자 법조문	① 군용물자(병기, 함정, 탄약 기타) ② 피복·식량·음료·사료 ③ 위생용물자(의료품, 의료기계기구 등) ④ 운수용 물자(선박, 항공기, 차량車輛 등) ⑤ 통신용 물자 ⑥ 토목건축용 물자 등 조명용 물자 ⑦ 연료 및 전력
제1차 생산력확충 계획 (1938~1941년)	1. 조선의 광물자원(일본에서 거의 생산되지 않는 철광석과 특수광물 등의 군수자원) 획득에 주목 　- 조선총독부 식산국(광산과, 수산과, 상공과), 농림국(농무과, 축산과, 임업과)에서 담당 2. 조선의 생산력확충계획의 주된 산업은 경금속, 비철금속 등의 금속 공업과 철강이라 분류된 광공업, 석탄, 철도차량, 전력, 석유 및 대용품산업
제2차 생산력확충 계획 (1942~1943년)	1. 1941년 7월 이후 선박부족으로 인한 선박수송력이 물자동원계획의 큰 틀을 결정했고, 배선配船 계획화도 동시에 검토되기 시작했으나 1942.10 물동계획 실행이 선박부족으로 차질을 빚자 육상 수송에 주력하여 대륙물자의 중계수송, 조선철도를 이용한 육송 등으로 계획을 수정 2. 조선은 생산확충 품목의 22%를 담당
제3차 생산력확충 계획 (1944~1945)	1. 조선의 생산력확충계획은 1943년 90%달성, 1944년 상반기 109%의 성과를 올림 　- 1944.4.부터 실시된 군수생산책임제(300사 내외로 추정, 일본 1943.12.실시)와 중요광물 중점증산정책, 군수회사법 시행(조선에서는 1944.10 시행)의 결과
생산책임제요강 (1944.3.310	전매분야(소금,간수,연초,아편,인삼)

　이렇게 많은 물자를 생산하고, 수송하기 위한 공장과 탄·광산이 있어야 하고, 물자를 실어낼 철도를 만들어야 했고, 선박을 만드는 조선소도 있어야 합니다. 전기를 생산할 댐을 건설해야 하고 목선을 만들 나무를 잘라내는 곳도 필요합니다. 군이 사용할 비행기장도 만들어야 합니다.

　대일항쟁기 위원회가 공개한 자료[2014년말 기준]에 의하면, 한반도 내에는 총 8,434개소의 강제동원 관련 작업장[일본군 주둔지 포함]

이 있었고, 이를 피해유형별로 보면, 노무동원 7,573개소[해군군무원 동원 작업장 42개소 포함], 군인부대배치지역 861개소 등입니다. 일본지역의 작업장 4,126개소와 비교해보면 두 배에 가깝습니다. 작업장 수가 많았으므로 당연히 동원된 인원도 많았겠지요.

피해유형별 분포에서 다수는 단연 노무동원 작업장입니다. 이렇게 많은 노무동원 작업장이 운영되었다는 것은 당시 한반도의 민중들이 공출해야할 품목의 종류와 양이 얼마나 과다했는가를 의미합니다. 일본의 총동원정책에서 동원하고자 했던 물자 종류와 규모에서 한반도가 감당해야 할 부분은 매우 컸습니다.

7,573개소의 노무동원 작업장은 전국에 골고루 분포되어 있었습니다.

도별 분포[당시 행정구역 기준] 가운데 가장 다수를 차지하는 지역은

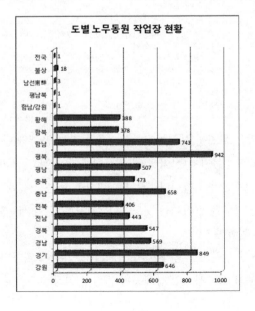

도별 노무동원 작업장 현황

지역	개소
전국	1
불상	18
남선南鮮	3
평남북	1
함남/강원	1
황해	388
함북	378
함남	743
평북	942
평남	507
충북	473
충남	658
전북	406
전남	443
경북	547
경남	569
경기	849
강원	646

평북이고, 그 뒤를 경기와 함남이 잇습니다. 평북은 탄광산이 밀집된 지역이고, 경기에는 경성이 포함되어 있기 때문입니다.

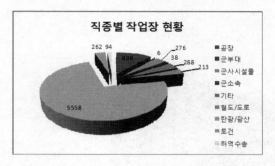

노무동원의 직종별 분포에서 최다수는 탄·광산입니다. 일본당국이 조선에 부과한 공출품목 가운데 미곡 다음으로 중요한 품목이 다양한 광물이었음을 감안할 때 당연한 결과입니다. 광산의 지역별 분포를 보면 다음과 같다.

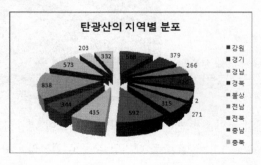

석탄과 같은 동력원이나 금·은·구리 등 일반광물은 물론이고 텅스텐이나 몰디브덴, 석면 등 특수 광물이 한반도 전역의 광산에서 채굴되었습니다.

철도·도로에는 간선철도 외에 공출품목 및 자재 수송을 위한 철도공사가 다수를 차지했습니다. 특히 만포선철도와 같이 한반도 이북以北의 발전소 건설공사장 주변에는 철도를 개설해 건설자재 운반에 활용했습니다. 기타 항목에는 소금과 연초 등 전매분야 생산 작업장을 찾을 수 있습니다.

그림 85 전남 옥매광산 정상 모습. 노천에서 채굴해 산이 깎여 내려간 흔적들이 그대로 남아 있다(대일항쟁기위원회, 「전라남도 해남 옥매광산 노무자들의 강제동원 및 피해실태기초조사보고서」, 2012)

그림 86 전남 옥매광산 정상 모습. 대일항쟁기위원회, 「전라남도 해남 옥매광산 노무자들의 강제동원 및 피해실태기초조사보고서」, 2012)

자본계열 현황을 보면, 미쓰비시三菱, 미쓰이三井, 일본제철日鐵, 아소麻生, 스미토모住友 등 대기업은 물론 일본의 주요 기업이 망라되어 있었습니다. 가네보鐘紡, 다이니치보大日紡, 도요보東洋紡 등의 대기업 방직 공장을 비롯한 기타 중소기업들도 다수였습니다.

그림 87 당시 전남 광주에 있었던 가네가후치(鐘淵) 방적 공장 모습
[출처 : 『사진으로 본 광주 100년』(1989, 광주광역시)]

　또한 군수회사로 지정된 작업장도 총 524개소에 달했습니다. 1944년 12월[55개사. 철강, 경금속, 군용광물회사]과 1945년 1월[44개사. 기계공업, 석탄업 등 광업, 소형용광로 제철과 전기 제강을 포함한 제철업] 등 두 차례에 걸쳐 군수회사로 지정된 회사에 소속된 작업장은 모두 군수회사로 지정되었습니다.

〈정혜경〉

도움이 되는 글
안자코 유카, 「조선총독부의 총동원체제(1937~1945)형성 정책」, 고려대학교 대학원 사학과 박사학위논문, 2006
국무총리 소속 대일항쟁기 강제동원피해조사 및 국외강제동원희생자 등 지원위원회, 『전라남도 해남 옥매광산 노무자들의 강제동원 및 피해실태기초조사보고서』, 2012
국무총리 소속 대일항쟁기 강제동원피해조사 및 국외강제동원희생자 등 지원위원회, 『2013 학술연구용역보고서 – 일제강제동원 동원규모 등에 관한 용역』
정혜경, 『징용 공출 강제연행 강제동원』, 선인출판사, 2013

중요한 낱말 | ★
노무동원, 공출, 군수회사

한반도로 동원된 노무자와 군인, 군무원은 1965년 한일청구권
협정을 맺기 위한 논의 과정에서 '청구권 대상'에 포함되지 않았습
니다. 일본측이 "조선내에서 징용된 노무자와 군인은 포함되지 않
는가?"라고 질문하니, 한국측이 "포함되지 않는다. 실제 그 수가 많
지 않고 자료도 불충분하니 포함하지 않는다"고 대답을 했습니다.

◎ 제5차 한 · 일회담 – 일반청구권 소위원회 제13차 회의[1961. 5. 10., 회의록 220쪽]
    일본측 : 피징용자 중에는 한국 내에서 징용된 자를 포함하는가
    한국측 : 포함하지 않는다.
◎ 제6차 한 · 일회담 – 일반청구권 소위원회 제7차 회의[1961. 12. 15., 회의록 221쪽]
    한국측 : 전번 회담 때에도 이야기했지만 이 피징용자에는 노무자 외 군
             인, 군속을 포함한다. 보상금은 생존자에 대하여 1인당 200불,
             사망자에 대하여 1인당 1,650불, 부상자에 대하여 1인당 2,000
             불로 하여 그 금액은 각각 생존자가 1억8천6백만여불, 사망자가
             1억2천8백만여불, 부상자가 5천만불이다.
    일본측 : 피징용자에는 군인, 군속을 포함한다고 말했는데, 전호(앞)의 피
             징용자에서도 그런가.
    한국측 : 그렇다.
    일본측 : 조선 내에서 징용된 자도 포함하는가.
    한국측 : 포함되어 있지 않다.
    일본측 : 군인, 군속도 그런가.
    한국측 : 그렇다.
    일본측 : 조선에서 징용된 자를 포함하지 않은 것은 무슨 이유인가.
    한국측 : 한국 내에는 실제 그 수가 그리 많지 않았고, 또 자료도 불충분하
    여 포함하지 않았다.

그 후의 일입니다. 1970년대에 실시한 대일민간청구권 보상에서는 한반도로 동원된 사망자도 보상금補償金을 받았습니다. 이 보상은 한일청구권협정에서 결정한 사망자를 보상하는 것인데, 한일청구권협정 논의에서 제외한 한반도 사망자에게도 보상금을 주었지요. 1965년 협정 당시에 제외되었는데, 왜 보상금을 주었을까요?

관련 법률에서 인적피해보상지급대상자의 동원지역을 명시하지 않았기 때문입니다.

1970년대 시행된 대일민간청구권 보상은 '청구권자금의 운용 및 관리에 관한 법률[1966.2]', '대일민간청구권 신고에 관한 법률[1971.1]', '대일민간청구권 보상에 관한 법률[1974.12]' 등 법률에 의해 시행되었습니다. 이 법률에서 정한 인적피해보상지급대상은 '1945.8.15이전 사망자'였습니다. 어디로 동원되었는지는 따지지 않았습니다.

신고기간은 1971.5.21~1972.3.20.이었고, 보상기간은 1975.7.1~1977.6.30.이었습니다. 이 기간 중에 11,787건이 신고 접수되어 8,552건 2,673백만원이 지급되었습니다.

그런데 혼란스러운 것은 2008년부터 시작된 한국정부의 위로금慰勞金 지급입니다. 이 위로금은 1965년 한일청구권협정에서 피해보상을 해주기로 한 피해자들에게 1970년대에 했던 보상금이 너무 적다고 해서 추가로 지급하기로 한 제도입니다. '태평양전쟁 전후 국외강제동원희생자 등 지원에 관한 법률[2008.6]'과 '대일항쟁기 강제동원피해조사 및 국외강제동원희생자 등 지원에 관한 특별법[2010.5]'에 근거해 실시했습니다. 그런데 법조문에 "국외 강제동원 희생자[동원 중 사망자, 행방불명자, 부상장해자], 생존자, 미수금 피해자"로 명시했습니다. 이 법조문에 의해 한반도에 동원된 피해자들은 제외되었습니다.

그 이유가 뭘까요? 한일청구권협정에서 논의되지 않았다는 이유라면, 사할린과 원자폭탄피해도 제외되어야 하는데요.

한일청구권협정에서 논의되지 않았다는 이유라면, 1970년대 보상금 지급 대상자에서도 제외했어야 하는데요. 1970년대에는 보상금을 지급했지요. 그런데 2000년대에 들어서 위로금은 지급하지 않습니다. 1970년대 지급 자체가 행정 착오였나요? 이해하기 어렵습니다.

〈정혜경〉

도움이 되는 글

대일항쟁기 강제동원피해조사 및 국외강제동원희생자 등 지원에 관한 특별법
하승현, 「한국정부의 '일제강제동원 피해 지원'에 대한 비판적 고찰과 해결 모색」, 『한일민족문제연구』21, 2011
정혜경, 『징용 공출 강제연행 강제동원』, 선인출판사, 2013
국무총리 소속 대일항쟁기 강제동원피해조사 및 국외강제동원희생자 등 지원위원회, 『2013 학술연구용역보고서 – 일제강제동원 동원 규모 등에 관한 용역』

중요한 낱말 ┃ ★

한일청구권협정, 대일민간청구권, 위로금, 보상금

현재 대일항쟁기가 소장한 '강제동원 피해자 명부'는 무려 260종, 175만건[중복 인원 포함. 일본정부 제공 명부 737,819건, 한국정부 생산 명부 966,824건, 기타 대일항쟁기위원회가 개인과 단체를 대상으로 자체 수집한 명부 53,204건]에 달합니다. 이 가운데에는 일본정부가 생산한 명부나 피해당사자가 당시에 만든 명부도 있지만 한국정부가 생산한 명부도 있습니다. 총 966,824건[중복 인원 포함]에 달합니다.

이들 명부 가운데 일부는 현재도 계속 생산 중에 있으므로 앞으로도 명부수록인원은 늘어날 것입니다.

〈 명부 현황 〉

명부 이름	수록 인원수	생산 시기	생산 기관	생산 목적 및 방법	용도	비고
일정시피징용자명부	229,782건	1953년 1월 최종 수합	내무부	1953.4월 개최 예정인 제2차 한일회담 준비를 위해 전국 단위로 신고 접수	대일 협상	
왜정시피징용자명부	285,711건	1957 ~1958년	노동청	제2차 한일회담 준비를 위해 전국 단위로 신고 접수	대일 협상	
대일청구권자금지급명부	8,552명	1975 ~1977	재무부	청구권자금운용 및 관리에 관한 법률(1966.2.19) 및 대일민간청구권신고에 관한 법률(1971.1.19)에 의거해 '75.7~77.6.30신고건에 대한 지급명부	보상 금지 급	
검증-왜정시피징용자명부	118,520건	2006 ~2008년	대일항쟁기위원회	왜정시피징용자명부의 한계를 보완하기위해 전국 전수조사 실시	진상 규명 및 피해자 지원	왜정시피징용자명부 중 검증 완료 명부

대일항쟁기 위원회 피해 조사 명부	219,442건	2005.2 ~2012.4	대일항쟁기 위원회	특별법 규정에 의한 피해조사를 위해 전 국 단위로 2005.2 ~2008.6.30간 신 고 접수한 228,126건 에 대한 조사결과 최종 피해자로 확정한 명부	진상 규명 및 피 해자 지원	신고건에 대 한 조사 완 료 명부
대일항쟁기 위원회 지급 심사 명부	104,817건 *2014년말 기준	2008.9~ 현재	대일항쟁기 위원회	특별법 규정에 의한 위 로금 지급을 위해 전 국 단위로 2008.9 ~2014.6간 신청 접 수한 121,261건에 대 한 심사 결과 심사대상 자로 확정한 명부	진상 규명 및 피 해자 지원	현재 심 사 업무 진 행중

▶ 일정시피징용자명부

한국정부가 생산한 명부 중 현존하는 가장 오래된[最古] 명부입니다. 정부 수립과 6.25전쟁 등 혼란한 시기에 정부가 국가의 책무를 다하기 위해 노력한 사례로 평가됩니다.

총 22만 9782명이 65권의 명부철에 수록되어 있습니다. 1953년 1월 내무부가 최종적으로 취합, 합본한 명부인데, 도별로 취합하여 내무부에 제출했습니다. 1953년 4월 2차 한일회담 준비를 위해 전국 단위로 조사한 것으로 알려졌습니다. 2013년 6월 주일한국대사관 신축 이전 과정에서 발견되어 11월에 공개되었습니다.

생년월일, 면리 단위의 하부 주소 기재. 동원기간, 동원지, 귀환 및 사망 여부 등이 수록되었습니다. 군인, 군무원, 노무자 등이 포함되었으나 여성은 포함되지 않았습니다. 그러나 1920년대 사망자 등 일제말기 강제동원과 무관한 사례도 볼 수 있어 2014년 1월부터 대일항쟁기 위원회가 검증작업을 실시하고 있습니다.

그림 88 겉표지

그림 89 속표지

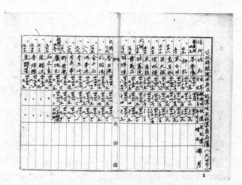

그림 90 수록 내용

▶ 왜정시피징용자명부

1957~1958년에 노동청이 조사한 명부인데, 제4차 한일회담에 사용하기 위해 전국 단위로 신고에 의한 결과물을 도별로 취합했습니다. 총28만 5711명이 20권의 명부철에 수록되어 있습니

다. '동원 당시 연령, 주소[면리 단위], 귀환 및 사망 여부' 등이 수록
되어 있고, 군인, 군속, 노무자 등을 포함하고 있으나 여성은 포
함되지 않았습니다.

정부 조사 자료이지만 신고내용의 불분명성과 강제동원사실에
대한 확인 과정이 결여되어 있고, 연령[동원 당시와 신고 당시 혼재. 법적
연령과 실제 연령 혼재 등]이 정확하지 않는다는 등의 문제로 학계에서
불확실한 자료로 평가받기도 했습니다. 이러한 한계를 보완하기
위해 실시한 전수조사 결과가 **검증-왜정시피징용자명부**입니다.

▶ 검증 왜정시피징용자명부

왜정시피징용자명부의 한계를 보완하기 위해 위원회가 전국적
인 검증조사를 완료한 결과물입니다. 2006년 6월~2008년 12월
[2년6개월 간], 전국 시군구 소속 공무원 약 2천여 명이 211,342명
에 대한 전수조사를 실시해, 최종 118,520명을 강제동원 피해자
로 확인했습니다. 도시화가 진행된 지역은 검증 결과를 산출하지
못했습니다. 이 검증과정은 정부가 생산한 명부의 한계를, 정부 스
스로 파악하고 보완한 모범 사례로 평가됩니다.

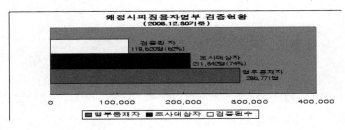

왜정시피징용자명부	검증-왜정시피징용자명부
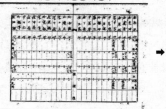	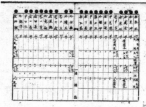

▶ 대일항쟁기위원회 피해조사 명부

2005년 2월~2008년 6월, 위원회 접수 피해신고 건 228,126 건에 대해 조사한 결과 최종 피해자로 확정한 219,442건의 명단 입니다. 대일항쟁기위원회 시스템을 통해 DB자료로 활용되고 있 습니다. 219,442건 중 110,339건은 여러 명부에 이름이 등재되 어 있었지만, 109,103건은 명부에 기록이 없이 구술과 인우보증 인 조사, 문헌 조사, 진상조사를 통해 확정했습니다.

피해자의 신고에 의존한 기존 명부와 달리 정부가 피해신고내용 에 대해 조사를 거쳐 검증한 명부로서 신뢰도가 가장 높습니다. 또 한 만약 피해신고가 재개된다면, 명부는 계속 추가되므로 가장 많 은 인원수가 수록된 명부가 될 것으로 보입니다.

그림 91 검색 화면

▶ 대일항쟁기위원회 지급심사 명부

2008년 9월~2014년 6월, 위원회 접수 신청 건 121,261건에 대해 조사한 결과 최종 지급대상자로 확정한 104,817건의 명단입니다. 지급대상자는 사망 및 행방불명피해 위로금, 미수금, 생존자의료지원금 등 세 종류입니다. 대일항쟁기위원회 시스템을 통해 DB자료로 활용되고 있습니다.

피해자의 신고에 의존한 기존 명부와 달리 정부가 신청내용에 대해 조사를 거쳐 검증한 명부입니다. 또한 이 명부는 현재 진행형이므로 신청이 재개되면 계속 추가될 수 있습니다.

그림 92 위원회가 생산한 피해조사서철과 지급심사서철

〈정혜경〉

도움이 되는 글

정혜경, 『일본제국과 조선인노무자 공출』, 선인출판사, 2011

중요한 낱말 | ★

일정시피징용자명부, 왜정시피징용자명부, 검증-왜정시피징용자명부, 대일항쟁기위원회, 피해조사, 지급심사, 내무부, 노동청

　강제동원된 조선인 가운데에는 현지에서 가족과 같이 사는 경우가 있었습니다. 강제동원된 조선인이 현지에서 가족과 함께 생활한다고 하면, "그것이 강제인가"하는 의문을 제기할 수 있습니다. 그러나 이것은 '가족 불러오기'라고 하여 일본 당국이 주로 탄광산을 대상으로 활용한 제도였습니다. 일종의 노무관리입니다.

　일본 기업이 생산한 명부는 물론이고, 기업이 생산하고 일본 정부가 소장한 노무자 관련 명부에서도 확인됩니다. '일제하피징용자명부'나 스미토모 고노마이鴻之舞광산이 작성한 '이주노무자래산來山가족명부'등 명부를 볼 수 있습니다. 당시 일본은 탄광산에 동원된 노무자들은 '입산한다'거나 '래산한다'는 용어를 사용했습니다.

　탄광산에서 가족과 같이 생활하는 노무자의 비율은 적지 않았던 것으로 보입니다. 1943년에 홋카이도北海道 소재 고노마이鴻之舞광산에서 일을 하던 조선인 1,168명 가운데 116명은 가족 359명과 같이 생활하고 있었습니다.

　1941.2.27에 내무성 경보국 보안과장은 "조선인 노무관리의 효율성을 위해 가족을 불러오는 방법을 촉진할 것"을 지시했습니다. 그러나 1940년 4월자 후쿠오카福岡현에 있던 메이지明治광업 히라야마平山광업소가 작성한 '이주반도노동자가족초청명부移住半島勞働者呼寄家族名簿'나 경성일보 1941년 1월 15일 기사 등을 볼 때, 이전 시기부터 작업 현장에서 시행되던 제도를 강제동원피해자에

게 확대 적용한 것으로 판단됩니다.

1941년 1월 15일자 조선총독부 기관지 경성일보[일문]에는 다음과 같은 기사가 실려 있습니다.

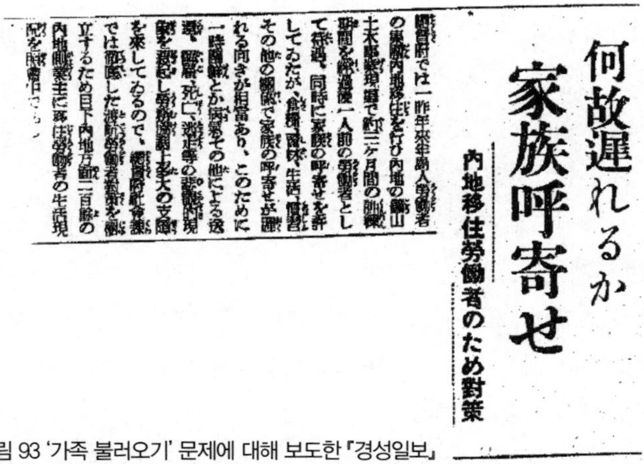

何故遅れるか
家族呼寄せ
內地移住勞働者のため對策

總督府では一昨年來半島人勞働者の集團內地移住を行ひ內地の鑛山土木事業現場で約三ケ月間の訓練期間を經過後一人前の勞働者として待遇、同時に家族の呼寄せを許してゐたが、食糧、風俗、生活、慣習その他の關係で家族の呼寄せが遲れる向きが相當あり、このために一時歸鮮とか病氣その他による逃避、離職、死亡、逃走等の悲觀的現象を惹起し勞務調整上多大の支障を來してゐるので、總督府社會課では徹底した渡航勞働者對策を樹立するため目下內地方面二百餘の內地側事業主に對し勞働者の生活現況を照會中である

그림 93 '가족 불러오기' 문제에 대해 보도한 『경성일보』

기사 내용에 따르면, 작년[1940년]부터 일본의 광산과 토목공사장 등에서 일하고 있는 조선인노무자들에게 허용된 가족 초청이 원활하지 않다고 합니다. 그로 인해 노무자들이 '일시귀선'을 신청하고 있고, "도주 등 비관적 현실을 야기"하고 있으므로 조선총독부 당국의 철저한 조치가 필요하다고 지적하고 있습니다.

이와 같이 강제동원된 조선인이 가족과 같이 살 수 있도록 한 정책의 목적은 노무관리의 효율성 때문입니다. 가족을 불러오면 이점이 여럿 있었던 것입니다. 일단 노무자 본인의 탈출을 방지할 수 있고, 가족 중 성인은 노동력을 활용할 수 있었기 때문입니다. 또한 기업측은 노무자들에게 가족을 불러다준다는 것을 앞세워 실적을 독려했습니다. 그러므로 노무자가 탄광산에서 일을 한 후 일정 기한이 지나야 가족을 데려올 수 있도록 했습니다.

스미토모住友광업이 운영하던 고노마이광산이 작성한 '1942 년도 가족초청관계'를 보면, 10개월이 지난 후에 가능했습니다. 1940년 3월 9일 고노마이 광산에 입산하여 일 하던 고만득과 이병우[1940년 3월 29일 입산] 등은 1942년 6월 6일에 가족 8명을 초청할 수 있게 되었습니다. 광산측은 고만득의 가족을 불러오도록 한 이유를 "성격이 유순하고 품행이 좋으며 도박을 한 번도 하지 않고 출가出稼성적도 양호하여 매월 4~50원 이상 실적을 올리며 가족 중에 노동가능자가 4명이 있다"고 언급했습니다. 8명의 가족을 불러오면 4명을 더 일을 시킬 수 있게 된다고 예측한 것입니다. 실제로 남편을 따라 탄광산으로 들어간 배우자가 합숙소[飯場, 함바]에서 일을 하거나 탄광에서 탄을 고르는 일을 하기도 했습니다. 가족과 같이 생활하는 노무자들은 '료寮'라고 부르던 단신자 합숙소가 아닌 가족용 합숙소에서 생활했습니다.

또한 가족을 불러주었다고 모두가 탈출을 포기한 것은 아닙니다. 가족을 불러다 주기로 결정되었으나 탈출한 사례도 있었습니다. 고노마이광산 자료에 의하면, 김경생[金本庚生, 경남 밀양출신, 1920.3.20생]은 가족도일이 결정되어 있었으나 2차 탈출을 시도해 성공했습니다.

일본 당국이 노무관리의 효율성과 노동력 확대를 위해 채용한 '가족 불러오기'는 노무자 본인에게 안정적인 생활만 가져다 준 것은 아닙니다. 1944년 8월 급작스럽게 남사할린 탄광지역의 탄부들을 일본 본토로 전근시키면서 가족을 남사할린에 남겨두게 된 노무자들은 해방이 된 후에도 가족을 만나지 못하고 평생 이산의 아픔을 겪어야 했습니다. 실적을 위한 정책이 나은 또 다른 피해입니다.

〈정혜경〉

도움이 되는 글

朴慶植, 『在日朝鮮人關係史料集成』, 三一書房, 1976

守屋敬彦 編, 『戰時外國人强制連行關係史料集－朝鮮人2, 下』, 明石書店, 1991

정혜경, 『일본제국과 조선인노무자 공출』, 도서출판 선인, 2011

중요한 낱말 | ★

내무성, 스미토모광업, 고노마이광산, 메이지광업, 히라야마광산

많은 한국 사람들이 피폭되었습니다. 대개 원자폭탄 피폭자라고 하면 히로시마, 나가사키에서 피폭당한 일본인들을 머리에 떠올립니다. 그런데, 일제 강점기에 조선통치의 핍박으로 한반도를 떠나지 않을 수 없어서 일본으로 이주한 조선인들과 아시아 태평양 전쟁에 강제동원된 조선인 군인 군속, 노무자들이 두 도시에 많이 살고 있었습니다. 원자폭탄이 떨어지던 당시에도 수많은 조선인들이 폭심지 인근의 군수공장과 항만, 철도, 군기지 등에서 일본인을 대신하여 일을 하고 있던 참이었습니다.

원자폭탄에 의한 피폭자 현황은 아래와 같습니다. 정확한 집계가 어려울 정도로 도시의 모든 것이 파괴된 가운데, 어렵게 구성한 피해현황입니다. 현재 가장 많이 이용되는 수치이기에 소개합니다.

(단위 : 명)

	전체		조선인	
	총피폭자수	사망자수	총피폭자수	사망자수
히로시마	420,000	159,283	50,000	30,000
나가사키	271,500	73,884	20,000	10,000
합 계	691,500	233,167	70,000	40,000

※ 출전 : 허광무「韓國人 原爆被害者에 대한 諸研究와 問題點」『韓日民族問題研究』제6호, 2004년.
※ 자료 : 庄野直美・飯島宗一「核放射線と原爆症」日本放送出版協會, 1975年, 57~58쪽 및
『韓國原爆被害者援護協會의 現況報告書(1972年4月)』(家永三郎外 編『日本原爆記錄』第12卷, 日本図書センター, 1991年, 447쪽)에 의함.
※ 주 : 1. 히로시마의 피폭자수는 군인, 군속을 포함한 1945년 12월말현재에 대한 추계이다.
　　　2. 나가사키의 피폭자수는 1945년 12월말 현재의 피폭자수로 추측되며, 이 추계에는 군관계자가 포함되어 있는지 불명확하다.
　　　3. 조선인 피폭자의 내역에 대해서는 자세히 알 수 없으나, 강제동원된 노무자를 포함한 1945년말 현재 피폭자수로 추정된다.
　　　4. 위의 표는 이치바 준코『한국의 히로시마』(역사비평사, 2003년) 33쪽 〈표1〉를 참고하여 작성하였다.

두 도시의 총 인구 약 70만명 중 1945년을 넘기지 못하고 사망한 사람이 무려 23만여 명으로, 전체인구의 40%입니다. 가히 가공할 만한 위력의 폭탄이었다고 할 수 있겠습니다. 조선인은 총 7만여 명이 거주한 것으로 추정되며, 이 중 사망자는 4만명으로 조선인 전체의 57%를 차지합니다. 전체 경향과 비교하면, 조선인 중에서 사망자가 나오는 경향이 더욱 컸음을 알 수 있습니다.

왜 그랬을까요? 히로시마시의 경우, 조선인들이 강제동원되어 일하던 군수회사들은 폭심지로부터 떨어진 시 외곽에 위치하고 있었지만, '건물 소개疏開'작업에 투입되어 시내 한복판에 있었습니다. '건물 소개'란 폭격기에 의한 공습과 그로 인한 대형 화재를 피하기 위해 건물과 건물과의 간격을 띄어 놓도록 일부 건물을 철거하는 것을 의미합니다. 강제동원된 조선인들이 바로 이 작업에 투입되어 시내 한복판에 있었던 것입니다. 그리하여 히로시마의 경우는 직접피폭을 당한 한국인 희생자가 많습니다.

한편, 나가사키시의 경우에는 폭심지와 비교적 가까운 위치에 군수공장이 있었습니다. 이 경우에도 직접피폭에 의한 희생자가 많이 나왔을 것으로 예상됩니다.

이것들이 조선인들의 사망자가 많이 나오게 한 요인이라고 생각합니다만, 이와 더불어 원만한 구호활동이 없었던 점도 생각할 수 있습니다. 당시 부상을 입고 임시진료소를 찾았던 조선인 부상자를 차별했다는 증언들이 있습니다. 이로 인해 조선인에 대한 진료가 충분히 이루어지지 못했고, 그 결과 사망자수를 많이 나오게 한 것은 아닌가 생각됩니다.

원폭의 가공할만한 살상에서 살아남은 조선인들은 시체를 수습하거나 복구작업에도 투입되었습니다. 당시 청장년의 젊은 일본인 남자들은 군인으로 징집되어 전장으로 떠나고 없어서 건장한 청년들이 귀한 터였습니다. 그렇기 때문에 일손으로 조선 청년들이 필요했던 것이고, 원폭 투하 후 복구작업에도 동원이 된 것입니다. 그로 인해 조선인들은 '입시入市 피폭'이라고 하는 간접 피폭을 당하게 되었습니다. 시내에 남아 있는

그림 9.4 나가사키시에 투하된 원자폭탄[1945.8.9.]

잔류 방사능에 노출이 된 것이지요. 나가사키시의 경우, 이 '입시피폭'에 의한 간접피폭이 상대적으로 많았을 것으로 생각됩니다. 히로시마시의 피폭양상과 대비되는 특징입니다. 정리하자면, 히로시마시의 경우는 직접피폭에 의한 희생자가 많았고, 나가사키시의 경우는 간접피폭에 의한 피해자가 많았던 것으로 예상됩니다.

강제동원 피해자 중 피폭자에 대해서는 현재 알려진 자료만으로 추산하면, 나가사키시의 경우 약 1만여 명에 이를 것으로 보고 있습니다. 앞의 피폭자 현황에서 보는 나가사키시 피폭자 2만명 중 그 절반을 차지하는 셈입니다. 히로시마시의 경우도 강제동원 피해자 중 많은 수가 피폭을 당했을 것으로 예상되는데, 구체적인 피해상황을 밝혀내기 위해서는 관련자료와 사실관계를 지속적으로 수집하고 조사해야 할 것입니다.

참고로 아래 표는 히로시마시廣島市와 나가사키시長崎市에 투하된

원자폭탄에 대해 정리한 것입니다. 인류역사 상 원자폭탄이 전쟁에서 실제로 사용된 세계 최초이자 유일무이한 사례입니다.

	히로시마시(廣島市)	나가사키시(長崎市)
원폭명	리틀 보이(Little Boy)	팻 맨(Fat Man)
재원	길이3m, 직경0.7m 무게 4톤	길이3.25m 직경1.52m 무게 4.5톤
성분	우라늄	플로토늄
위력	TNT 1만5천톤	TNT 2만1천톤
당초목표지	아이오이바시(相生橋) 상공	도키와바시(常盤橋) 및 니기와이바시(賑橋) 부근
폭심지	시마(島)병원 상공 580m	마쓰야마마치(松山町) 171번지 상공 500m
투하일시	1945년 8월 6일(월) 오전 8:15	1945년 8월 9일(목) 오전 11:02

출전 : 広島市, 『広島原爆戦災誌』第1巻, 1971, 広島市・長崎市原爆災害編集委員会, 『広島・長崎の原爆災害』, 岩波書店, 1979

〈허광무〉

도움이 되는 글

이치바 준코 지음 · 이제수 옮김, 『한국의 히로시마』, 역사비평사, 2003년
허광무, 「한국인 원폭피해자에 관한 제연구와 문제점」, 『한일민족문제연구』제6호, 2004년
대일항쟁기강제동원피해조사및국외강제동원희생자등지원위원회, 『히로시마 · 나가사키 조선인 원폭피해에 대한 진상조사—강제동원된 조선인 노무자를 중심으로—』, 2011년
일제강점하강제동원피해진상규명위원회, 『내 몸에 새겨진 8월』, 2008년

중요한 낱말 | ★

원자폭탄, 히로시마, 나가사키

도쿄의 한 복판, 황궁 근처에 있는 큰 신사神社가 야스쿠니 신사입니다. 신사는 일본의 고유한 종교인 신도神道의 사원을 가리킵니다. 신도는 자연과 자연현상 등을 경외하는 애니미즘에서 출발해 점차 조상신, 신화 속 인물, 또는 죽은 천황 등의 실존 인물들을 신격화하고 있습니다. 에도 시대 이후 유불교 등 다른 종교 사상을 이용해 교리를 체계화했고, 메이지 시대 이후에는 국가의 종교, 즉 '국가 신도'로 대접을 받다가, 제2차 세계대전 패전 후에는 GHQ 점령정책에 의해 국가 신도가 폐지되고 각 신사를 중심으로 종교행사를 치르는 '신사 신도'로 남아 있습니다. 일반적으로 일본인들은 "아이가 태어나면 신사에 가서 신도 의식으로 탄생을 축복 기원하고, 사람이 죽으면 절에 가서 명복을 빈다"는 의식을 갖고 있고, 새해 첫날, 결혼식, 축제 등 새롭고 기쁘고 좋은 일에 신사에 들러 복을 기원하고 불운과 액운을 막아달라는 의식을 드리는 등, 신도와 신사는 일상생활에 영향을 미치고 있습니다.

그림 95 야스쿠니(靖國)신사

야스쿠니 신사는 1869년에 세워진 도쿄 초혼사東京招魂社에서 시
작됩니다. '초혼사'라는 말에서도 알 수 있듯이, 에도 말기 서양과
의 개국 정책을 추진하던 막부에 반대하던 존왕양이[천황을 중심으로
외세를 물리치자는 명분] 세력을 대거 숙청했던 사건, 즉 '안세이 대옥安
政の大獄'에서 희생된 이들의 혼을 위로하려는 목적에서 건립된 신
사였습니다. 결국 구 지배체제였던 막부는 물러나고, 천황을 중심
으로 하는 메이지유신과 일본제국이 역사의 중심에 서게 되자 존
왕양이를 부르짖으며 죽어 간 이들의 넋을 기리는 초혼사는 국가
의 대계를 위해 죽어 간 애국자들을 기리는 최고의 신사로 자리매
김하게 됩니다.

초혼사는 1879년 메이지 천황에 의해 야스쿠니신사로 이름이
바뀌는데, '야스쿠니靖國'는 '좌씨춘추左氏春秋'의 '吾以靖國也'에서
따 온 것으로 "나라를 안정케 한다"는 뜻입니다. 이후 야스쿠니 신
사는 근대국가 건립과정의 내란(보신 전쟁, 세이난 전쟁) 일본제국
의 세력팽창에 따른 외국과의 전쟁, 즉, 조선에서의 정변, 청일전
쟁, 러일전쟁, 제1차 세계대전, 만주사변, 중일전쟁, 제2차 세계
대전 등에서 사망한 군인 · 군속, 관료, 관헌, 경찰 등을 위령하고
현창하는 국가적 신사로 공인되었습니다. 단순히 이들의 넋을 위
로하는 데 그치지 않고 신도와 신사는 이들의 넋을 제신祭神으로 모
시고 있습니다. 2004年 현재 모두 246만6천여 명의 사망자를 제
신으로 모시고 있습니다. 제2차 세계대전에서 패하기 전까지 야스
쿠니 신사는 천황이 직접 참배를 하는 특별한 곳이었습니다.

야스쿠니 신사 건립 이후에 태어 난 일본인에게 야스쿠니 신사
는 천황과 지금의 일본을 위해 목숨을 바친 이들의 넋을 기리고 국

가를 수호하는 영령들이 깃들어 있는 신성한 곳으로 인식되고 있습니다.

문제는, 일본인들에게 천황과 국가를 위해 목숨을 바친 영령들을 기리는 곳이 일본인 자신은 물론 주변국가와 외국에 상처가 될 수도 있다는 점을 간과하는 데에 있습니다.

아시아·태평양전쟁, 또는 제2차 세계대전에서 패전한 직후 GHQ가 야스쿠니 신사 등 국가신도를 폐지하고 일반 종교단체로 격하한 데에서도 알 수 있듯이, 야스쿠니 신사는 천황제와 군국주의의 핵심적인 이데올로기이자 사상의 구심점이었습니다. 전쟁 중 일본 군인들은 적진에 뛰어들거나 자살공격을 하기 직전 "야스쿠니에서 만나자! 천황 폐하 만세"라는 소리를 외치며 죽어갔습니다. 천황을 옹호하고 애국적 정서를 강조하는 사람들에게는 숭고한 외침일 수 있겠지만, 일본이 일으킨 침략과 전쟁으로 수많은 피해를 입은 아시아와 세계의 사람들에게는 "광기 어린 섬뜩한 외침"으로 받아들여지고 있습니다. 실제로 전쟁이 끝난 후 일본 내에서도 맹목적인 천황제와 광기 어린 전쟁에 대한 반성론이 있어 왔습니다. 예를 들면, 지금도 오키나와에서는 본토 일본인들의 맹목적인 천황제와 미친 전쟁광들에 의해 수많은 양민들이 목숨을 잃어버렸다는 인식이 강하게 남아 있습니다. 하물며 오랜 기간 일본의 침략과 전쟁으로 수많은 사람들이 고통을 당한 한국과 중국, 타이완 등 주변국과 연합국의 감정은 어떻겠습니까?

이들에게 야스쿠니 신사는 단순한 종교시설이나 추도시설이 아닌, 맹목적인 천황제와 침략전쟁을 옹호하고 부추기는 정신적 구심체로 보일 수밖에 없을 겁니다.

1978년 야스쿠니 신사는 오랜 숙원이었던 A급전범 14명의 신원을 일본정부와 협의 끝에 합사하는 데 성공합니다. A급전범이란, 제2차 세계대전 패배에 따른 연합국의 도쿄전범재판에서 전쟁을 기획하고 평화에 반하는 죄를 저지른 국가지도자급의 전범들로 유죄 평결을 받은 자들입니다. 이들 중 사형되거나 옥중에서 사망한 14명의 전범을 국내법상의 '공무 중 사망' '쇼와 시대 순난자'라는 명목으로 야스쿠니 신사에 합사한 것입니다. 이것은 단순한 문제가 아닙니다. A급전범을 공무사로 위장하고 야스쿠니 신사에 합사한 것은 자신들의 침략전쟁을 단죄한 도쿄전범재판을 인정하지 않겠다는 것이고, 전후 세계질서에 복귀하기 위해 연합국과 맺은 샌프란시스코강화조약과 그 이후의 전후질서를 탈피하려는 의도와 잇닿아 있습니다.

1985년 중반 나카소네 야스히로中曾根康弘 당시 일본 총리가 야스쿠니 신사에 참배한 것을 계기로 중국과 한국에서 커다란 비판이 일기 시작했습니다. 그후 총리의 공식적인 참배는 자제되는 듯했지만, 고이즈미 준이치로小泉純一郎 총리의 참배에 이어 두 번째로 집권한 아베 신조安倍晋三 총리의 참배 이후 또 다시 한중일 간의 역사문제 충돌과 외교적 갈등이 심화되고 있습니다.

일본의 총리와 관료, 정치인들이 야스쿠니 신사에 참배하는 것은 일본의 헌법과 '정교분리'의 원칙에 위배되는 중대한 국내 문제이기도 합니다. 일본 헌법 제20조는 국가와 종교가 공적인 관계를 맺는 것을 금지하고 있습니다. 국가와 공무원 등이 참배와 같은 종교적 행위를 하거나 야스쿠니 신사와 같은 특정 종교를 비호하거나 후원해서는 안 된다는 취지입니다. 전전의 일본제국이 '천황주의'와 '군국주의', 그리고 '국가신도'가 결합해서 전쟁을 일으켰음을 경계하라는 뜻이 담겨 있죠. 그러나 사회당과 민주당 등 야당이 연립하여 정권을 잡은 시기를 제외한 나머지 대부분의 시기 동안 자민당정권의 총리와 관료들, 그리고 우익 정치인들은 헌법을 무시하면서까지 끊임없이 야스쿠니 신사를 참배해 왔으며 심지어 천황이 야스쿠니 신사에 참배해야 한다고 압박하는 실정입니다. 일본의 야당과 일부 국민들은 종교분리 원칙을 지키라며 야스쿠니 신사 참배에 반대해 왔지만, 이러한 목소리는 보수정권과 우익들의 큰 목소리에 가려지고 있습니다. 한때 국내의 정교분리 원칙에 위배된다는 지적과 중국·한국 등 주변국들과의 외교적 마찰을 고려하여 A급전범자를 야스쿠니 신사에서 분리하여 다른 곳에 합사하는 방안, 또는 A급전범과 상관없는 새로운 국립추도시설을 별도로 건립하자는 방안 등이 검토되었으나, 야스쿠니 신사와 보수우익 정치인, 그 지지세력들의 강렬한 반대 때문에 모두 좌절되고 말았습니다.

야스쿠니 신사에는 일본인 뿐만 아니라, 우리나라 사람들을 비롯해 대만 등 외국인도 합사되어 있습니다. 일제강점기 일본제국에 의해 군인·군속으로 강제동원되었다가 일본과 해외 격전지에서 사망하신 분들인데, 전후 일본정부는 이 분들이 일본 천황과 일본을 위해 순국했다면서 야스쿠니 신사에 합사한 것입니다. 남의 나라 전쟁에 끌려 가서 죽은 것도 억울한데, 죽어서도 남의 나라 귀신이 되어야 하다니, 유족들로서는 기가 막힐 일입니다. 흔히 우리나라에서는 이분들의 유골이나 유해가 야스쿠니에 모셔져 있는 것으로 오해하는 경우가 있는데, 그것은 정확한 사실이 아닙니다.

야스쿠니 신사에서 '합사'라고 하는 것은 사망한 사람들의 이름을 일본정부[주로 후생성]가 심사한 후 이름표나 명부, 영새부靈璽簿에 기재하고 천황에게 '상주'하고 합사제를 올리는 것을 말합니다. 이로써 죽인 이가 신이 된다고 믿는 것입니다.

일본정부 자료에 따르면, 군인·군속 등으로 강제동원되었다가 사망한 조선인은 약 2만2천여 명에 달하는데, 이 가운데 약 2만1천여 명의 조선인이 야스쿠니 신사에 합사되어 있습니다. 심지어 이 가운데는 전장에서 멀쩡하게 살아 돌아 온 조선인도 수십여 명이나 됩니다. 전투 중 행방불명이나 도망자를 사망자로 처리한 후 일방적으로 천황과 일본을 위해 순직했다고 합사한 것이죠.

이렇게 본인과 유족의 의사에 상관없이, 일본제국과 전후의 일본정부에 의해 일방적으로 합사된 분들 입장에서는 원통하고 어처구니없는 일이 아닐 수 없을 겁니다. 심지어 일본인 유족 가운데 일부는 자신의 부친이 원하지 않는 전쟁에 끌려가서 억울하게 죽었고 천황을 위해 죽은 것도 아니고 유족의 의사를 물어보지도 않고 합사한 데 대해 이의를 제기하며, 합사를 취소해 달라고 요구하고 있습니다. 그러나 야스쿠니 신사 측은 "일단 영새부에 기재되어 제사를 지낸 이상 합사를 취소할 수 없다"는 입장을 고수하고 있습니다.

이에 일본, 한국, 대만의 유족과 생존자 등이 합사를 취소해 달라는 소송을 제기하기도 했습니다. 그러나 일본의 재판부는 "타인의 종교의 자유에는 관용이 요구된다"는 이유를 들어 야스쿠니 신사 측의 입장만 편들 뿐, 피해자들의 입장에는 귀를 기울이지 않고 있습니다.

게다가, 야스쿠니 신사 경내에는 류슈칸遊就館이라는 기념관을 설치했는데, 한 마디로 과거 전쟁에 대한 정당성과 향수를 전시하는 곳입니다. 이곳에는 과거 전쟁에 대한 반성이나, 외국인 전쟁 피해자들에 대한 사죄의 마음이 전혀 없습니다. 이렇게 과거 침략전쟁의 정신적 구심체였고, 침략전쟁을 수행했던 전범들을 기리고, 살아 있는 사람을 죽은 귀신으로 모시는 명백한 오류를 바로잡으려 하지 않고, 헌법까지 어겨가며 끊임없이 자국민과 주변국에 상처를 주고 있는 야스쿠니 신사를 옹호하고, 참배하려는 자민당 정권의 총리들과 관료들, 정치인들, 그리고 그 지지자들이 바라는 것이 무엇인지는 충분히 미루어 짐작할 수 있는 일입니다. 이들이 주장하듯이 지난 전쟁을 반성하고 평화를 기원한다는 명분이라면, 우선 지난 전쟁으로 인해 죽거나 상처받은 대다수 국민과 훨씬 더 많은 주변국 사람들의 명복을 기원하고 그들에게 상처를 주지 않는 일부터 먼저 해야 하지 않을까요.

〈오일환〉

도움이 되는 글

일본의 전쟁책임자료센터 편, 박환무 역, 『야스쿠니신사의 정치』, 동북아역사재단 번역총서-23, 2011
다카하시 테츠야 저, 현대송 역, 『결코 피할 수 없는 야스쿠니 문제』, 역사비평사, 2005

중요한 낱말 | ★

야스쿠니, 신사, 신도, 합사, A급전범, 명부, 영새부, 류슈칸 일제에 의한 식민지 지배 기간[1910~1945년] 중 일본이 중국과 전쟁[중일전쟁]에 돌입한 이래 미국 등 아시아, 태평양 국가들에 대한 전쟁을 벌이다 패망하기까지의 기간을 전시체제기[1938~1945년 8월]라고 합니다. 이때 전쟁을 수행하기 위해 일제는 천황이 직접 공포한 국가총동원법[법률 제55호]을 위시한 수많은 법령과 공권력을 이용하여 일본 본토는 물론 조선과 대만, 사할린 등 모든 통치 지역에 있는 사람과 자원, 물자를 일방적으로 관리, 통제, 징발, 사용하게 되는데, 이를 강제동원이라 합니다.

이는 일본 정부와 군부, 경찰, 관공서 등이 전쟁을 수행한다는 명분으로 식량과 자원, 물자의 생산 · 수리 · 배급 · 양도 기타 처분과 사용 · 소비 · 소지 · 이동 및 수출 · 수입의 제한을 통제하고 강제한다는 뜻입니다. 또한 사람에 대해서도 언제든지 필요에 따라 징용, 즉 차출하여 노동을 강제시킬 수 있게 된 것입니다. 전쟁 말기에는 관련 법령들이 한층 더 강화되어 군인으로의 징병 뿐만 아니라 어린 소녀들과 집안의 놋그릇까지 징발할 정도의 강제와 수탈이 일상화되는데, 이를 '전부동원[몽땅동원]'이라고 부를 정도였습니다.

그리고 이 전시체제기의 강제동원으로 인해, 강제동원 기간 중 또는 귀환과정에서 사망한 분들의 유해 문제를 가리켜 '강제동원 희생자 유골[또는 유해]'이라고 부릅니다. 한반도 내의 각 지역과 일본으로 징용되어 탄광 · 군수공장 · 비행장 등에서 혹사당하다가 각종 폭발사고와 낙반사고, 공습, 화재, 학대 등으로 사망한 경우, 군인·군속으로 징병·징용되어 격전지로 이동하다가 또는 현지에서 과로한 노동과 굶주림, 말라리아와 풍토병 등으로 병사하는 경우, 학대와 폭력으로 맞아 죽는 경우, 총탄과 폭격, 원폭 등으로 죽는 경우, 도망·낙오 등으로 행방불명 중 사망한 경우, 선박 이동 중 태풍 또는 잠수함 어뢰, 공습 등으로 침몰하여 사망한 경우, 포로와 인질로 억류 중 사망한 경우, 일본인들에 의해 학살 또는 피살된 경우, 해방 후 고향으로 돌아오는 과정에서 사망한 경우 등 이루 헤아릴 수 없이 많은 분들이 억울하게 돌아가셨습니다. 현재까지 사망자의 숫자는 자료의 절대 부족과 사건 직후 조사되지 못한 채 오랜 시간이 경과한 이유 등으로 인해 정확하게 추산할 수 없는 형편입니다. 다만, 일본 정부의 자료에 따르면, 군인·군속의 경우 약 2만2천여 명의 조선인이 사망했다고 알려져 있을 뿐입니다.

그밖에 청장년 뿐만 아니라, 어린 소녀와 소년, 나이 많은 노인에 이르기까지 각종 보국대와 정신대, 위안부, 현원징용, 이중징용 등 남녀노소 가릴 것 없이 다양한 명분으로 차출되어 한반도 전역과 일본본토, 중국과 사할린, 동남아와 태평양 섬 지역에 이르기까지 강제로 동원되었고, 끌려가는 도중에, 현지에서, 돌아오는 과정에 많은 분들이 귀중한 목숨을 잃었습니다.

그런데 당시에 사망한 직후 시신이 온전하게 수습되어 고향 땅으로 돌아 와 유족들에게 전달된 경우도 있지만, 전쟁 말기로 접어들수록 연합국의 공습과 폭격이 강화되고 일본의 패색이 짙어짐에 따라 전신·전화·우편, 선박·기차·도로의 연락과 소통이 원활하지 못하고 혼란이 가중되어 시신을 온전하게 수습하지 못하

는 경우는 물론이고
화장된 유골 조차 고
국으로 돌아오지 못
하고 현지에 방치되
는 사례가 급증하였
습니다.

전쟁 중에는 유족
들에게 사망통지서도
그림 96 군인으로 동원되었다가 사망한 조선인 유골
전달되었고 유골을 수습하러 오라는 연락도 있었고, 관헌이나 일
본인 회사직원, 또는 살아 돌아 온 동향 이웃들이 유골을 전해주기
도 했지만, 해방이 되고도 오랜 시간이 지나도록 살아 돌아오기는
커녕 언제 어디서 어떻게 죽었다는 소식조차 알 수 없는 희생자들
이 많습니다. 사할린에 억류된 분들의 경우, 해방 후에도 고향땅
을 밟아보지도 못한 채 수만여 명이 현지에서 사망했습니다.

이처럼, 강제동원으로 해외에서 돌아가신 분들 중에 아직도 생
사 여부를 알 수 없고 그 시신 또는 유골이 확인되지 않은 분들에 대

한 조사, 그리고 유골
을 찾아 수습하고, 고
향으로 모셔오는 문제,
그리고 돌아오지 못한
유골과 모셔 온 유골들
을 안치하고 위령하고
추모하는 일련의 문제
들을 가리켜 '강제동원

그림 97 일본의 한 사찰에 모셔져 있는 조선인 유골

희생자 유골 문제'라고 할 수 있습니다.

〈오일환〉

도움이 되는 글

오일환, 「강제동원 사망자 유골봉환을 둘러싼 한일 정부 간 협상에 관
한 소고― 1969년, 제3차 한일각료회의를 중심으로」, 한일민족문제학
회 編, 『한일민족문제연구』, 제17호(2009년12월30일)

중요한 낱말 | ★

강제동원 희생자 유골, 유해, 화장, 귀환, 송환, 발굴, 안치, 위령, 추모

그림 98 화장된 강제동원 한인 희생자의 유골

강제동원 희생자의 '유해遺骸' 또는 '유골遺骨'은 어떻게 다른가? 어느 것이 맞는가? 라는 질문이 있습니다.

우선 사전적 의미로는 '유골遺骨'과 '유해遺骸'는 '주검을 태우고 남은

뼈, 또는 무덤 속에서 나온 뼈'라는 의미로 비슷하게 사용가능한 듯 보입니다. '골骨'자와 '해骸'자 모두 '뼈'를 의미하기에 차이가 없어 보입니다.

그런데, 오래 된 자전字典을 살펴 보면, '해骸'자에는 '사람의 뼈' 외에 '죽은 사람의 몸과 신체, 살'이라는 뜻이 내포되어 있습니다. '해골骸骨'이라는 표현을 보면 알 수 있듯이, '해'와 '골'은 똑같은 뼈가 아니라, 엄밀히 말하자면, 사람이 죽은 직후 신체와 살이 어느 정도 붙어있는 정도의 상태를 '해骸'라고 부를 수 있고, 살이 전부 썩거나 타고 남은 뼈만 의미한다면 '골骨'이라고 할 수 있습니다.

따라서, 어느 정도 시신의 상태를 확인할 수 있거나 머리카락, 또는 손톱, 발톱 정도가 남아 있을 때는 '시신屍身' 또는 '유해遺骸'라고 부르고, 시신이 오래되어 살점 하나 남아 있지 않은 백골인 상태, 또는 화장하여 뼈만 남은 상태인 경우라면 '유골遺骨'이라고 부

르는 것이 적절하다고 할 수 있습니다.

강제동원 희생자들의 시신은 사망 당시 일본이든 해외의 격전지든 상관없이 일본의 풍습과 군부의 지침, 그리고 이송의 편의성 때문에 대부분 화장을 했습니다. 그래서 대부분의 시신을 '유골遺骨'이라고 불렀던 것이고, 그 영향이 지금까지 남아 있는 것입니다. 실제로 지금까지 보관되어 있거나 확인되는 희생자들의 시신은 사망 당시에 이미 화장된 유골이거나 매장된 지 너무나 오래되어 지금은 백골인 상태입니다. '유골'이라는 표현이 이상한 것은 아니지요. 그래서 강제동원 희생자의 시신을 일반적으로 '유골'이라고 부릅니다.

이때 유골을 지칭하거나 숫자 헤아릴 때는 '위位'라는 표현을 씁니다. 보통 시신을 가리켜 '구柩'라고 하지요. 원래 '구柩'는 시신을 넣은 관을 가리키는 말입니다. '구'는 돌아가신 직후의 시신, 위에서 설명한 몸과 살이 붙어 있는 '유해'의 상태를 가리켜 쓸 수 있습니다. 그리고 화장한 직후의 유골 또는 백골인 상태, 그리고 제사로 모시는 '신주神主'나 '위패位牌' 또는 '신위身位'를 가리킬 때는 '위位'를 씁니다.

'주柱'는 일본식 표현입니다. 일본의 오랜 풍습에는 기둥柱에 신神이 깃든다는 민속신앙, 즉 '기둥신앙柱信仰'이 있습니다. 지금도 집안의 제일 큰 기둥 또는 대들보에 부적을 매달고 절을 하는 풍습이 남아있죠. 이처럼 기둥에 깃들어 있다는 신앙 때문에 일본에서는 수많은 신神과 부처님을 가리키거나 헤아릴 때 '주柱'라고 하는데, 사람이 죽으면 그 영혼과 혼령도 부처가 되거나 신격을 갖는다는 생각 때문에 '주柱'라는 단위를 씁니다. 간혹 '주柱'라는 표현 대신에 시신을 가리켜 '체(體)'라는 표현을 쓰기도 합니다.

한편, 당시에는 전쟁터로 출전하기 전에 병사들의 머리카락 또는 손톱을 잘라 병사의 이름이 적힌 조그만 종이봉투에 담아 보관한 사례가 있습니다. 만약 전쟁터에서 시신을 찾지 못하거나 수습하지 못할 경우에 대비한 것입니다. 그 머리카락과 손톱 등이 남아 있는 경우 이것을 국내로 모셔올 때는 '유해'라는 표현을 쓰기도 합니다.

그리고, 해방 후에도 사할린에 남겨진 강제동원 피해자들은 1990년대 한러 수교 이후 영주귀국이 가능하기까지 기다리지 못하고 돌아가신 경우, 화장을 하지 않고 한국에서의 풍습대로 매장을 하고 봉분을 만들어 비석을 세웠습니다. 이 묘지들을 하나씩 셀 때는 '기(基)'라고 부릅니다. 기(基)는 원래 무덤이 비석, 탑 따위를 가리키는 단위였습니다. '터 기'라는 뜻에서도 알 수 있듯이, 시신이나 유해가 모셔져 있는 집 터, 즉 무덤과 비석, 불가의 부도탑 등의 표현인 겁니다. 오늘날 시신을 가리켜 기(基)라고 쓰는 것이 틀린 것은 아니지만, 오래된 유해나 백골 상태의 유골 등을 가리킬 때 쓰기에는 적확한 표현은 아니라고 생각됩니다. 사할린에 있는 한인들의 무덤을 가리켜 기(基)라고 하는 것은 맞습니다. 그러나

그림 99 사할린한인 묘지의 비석

이 분들을 고향으로 모셔오기 위해 묘를 파서 시신을 수습하여 모셔 올 경우 대부분 돌아가신 지 오랜 시간이 지났기 때문에 유골이라 불러도 문제가 없습니다.

〈오일환〉

중요한 낱말 | ★

유해, 유골, 구柩, 위位, 주柱, 기둥신앙, 체體, 기基

국가총동원법國家總動員法[법률 제55호]은 제국 일본이 일본 본토와 식민지 등 제국 영토의 물적·인적 자원을 전쟁에 총동원하기 위해 제정·공포한 전시통제의 기본법입니다.

1938년 4월 1일에 공포되어 그 해 5월 5일부터 일본에서 시행되었습니다. 조선에서는 같은 날 마련된 '국가총동원법을 조선·타이완臺灣 및 가라후토樺太에 시행하는 건'에 의해 적용·시행되었습니다.

이 법이 탄생하게 된 배경을 알기 위해서는 일본이 총력전總力戰 개념에 주목하기 시작한 1910년대로 거슬러 올라가야 합니다.

일본에서 총력전 개념이 확산되기 시작한 계기는 제1차 세계대전입니다. 일본 정부는 특히 육군이 전쟁을 수행하기 위해서는 병력 동원뿐만 아니라 군수물자를 생산하는 노동력을 확보하는 것이 중요하다는 점을 절감하고, 1918년 4월에 전시동원에 대비하기 위해 군수공업동원법軍需工業動員法[법률 제38호]을 제정했습니다. 군수공업동원법은 '전시에 국가의 자원을 통일적으로 사용하고 신속하고 확실하게 군수를 보급할' 목적으로 제정되었는데, 전시에 동원해야 할 공장과 사업장의 범위·동원방법을 규정한 법입니다. 이어서 1927년 5월에는 자원국資源局을 신설하면서 총동원계획을 준비해 1930년 4월에 '잠정총동원기간계획설정暫定總動員期間計劃設定에 관한 방침'·'총동원기본계획요강總動員基本計劃要綱'등을 각의閣議에서 결정하고 총동원계획을 본격화했습니다. 이와 같은 배경 아래에서 탄생한 것이 국가총동원법입니다.

그런데 이 법은 일본 본토가 아닌 만주에서 먼저 제정되었습니다. 그 배경에는 도죠 히데키東條英機가 있습니다. 도죠 히데키는 아시아에서 시작한 전쟁을 아시아태평양전쟁이라는 전면전으로 확산시킨 인물이지요. 1937년 3월 관동군關東軍 참모장으로 부임한 도죠 중장은 1937년 7월 일본군이 루거우차오盧溝橋에서 전쟁을 일으켜 중일전쟁이 일어나자 전선을 확대해나갔습니다. 1938년에 들어서 전선이 쉬저우徐州와 한커우漢口, 광둥廣東 등 중국의 깊은 지역으로 확대되자 더욱 많은 병력과 전비戰費가 필요하게 되었습니다. 당시 만주국을 실질적으로 지배하고 있던 관동군과 일본인 관료들은 원활한 전쟁 물자 조달을 위해 1938년 2월 만주국滿洲國 의회를 통해 국가총동원법을 제정합니다.

그 후 도죠와 만주국 일본인 관료들은 일본의 국가총동원법제정 작업에 나섭니다. 이들은 만주가 순조롭게 전시체제로 이행하고 있는데 비해, 일본 본토에서 국가총동원법을 통과시키지 못하는 상황을 한심하게 여기고 압박했습니다. 일본의 재계와 정계는 '헌법 위반'이라는 이유로 법안에 반대했으나 육군의 강력한 압박에 버티지 못했습니다. 당시 의회에서 법안 설명에 나선 군무국軍務局 국내과장은 의원들을 향해 "조용히 하라"고 호통을 치기 까지 했답니다. 이와 같이 중국 전쟁을 효율적으로 수행하기 위한 목적에서 만든 법이 국가총동원법입니다.

국가총동원법은 전문全文 50개조와 부칙 4개항으로 구성되어 있습니다.

이 법에서 규정하는 '국가총동원'은 전시 또는 전쟁에 준할 사변의 경우에 이른바 국방의 목적을 달성하기 위해 국가의 모든 힘을 가장 유효하게 발휘할 수 있도록 인적·물적 자원을 통제, 운용함을 의미합니다.

이 법은 이러한 입법 목적을 위해 모든 인적·물적 자원을 총동원 물자와 총동원 업무로 양분하여 강력한 통제 아래 두었습니다. 이 법에 의한 국가통제의 대상은 모두 여섯 가지[노동문제 일반, 물자통제, 금융 및 자본통제, 카르텔, 가격일반, 언론 출판]입니다.

국가총동원법은 제1조에서 국가총동원의 개념을 '전시[전쟁에 준하는 사변의 경우를 포함]에 국방 목적 달성을 위해 국가의 전력을 가장 유효하게 발휘할 수 있도록 인적·물적 자원을 통제 운용함'이라고 규정하였습니다.

이들 총동원 물자에 대한 통제방식은, 국가총동원 상 필요할 때에 칙령에 의해 그 생산·수리·배급·양도 기타의 처분과 사용·소비·소지·이동에 관한 필요의 명령을 하며, 칙령에 의해서 수출·수입의 제한, 금지나 명령을 할 수 있습니다.

총동원 업무는 ① 총동원물자의 생산·수리·배급·수출·수입·보관에 관한 업무 ② 필요한 운수·통신업무 ③ 필요한 금융업무 ④ 필요한 위생·가축위생·구호업무 ⑤ 필요한 교육·훈련업무 ⑥ 필요한 시험·연구업무 ⑦ 필요한 정보·계발·선전업무 ⑧ 필요한 경비업무 ⑨ 기타 칙령이 지정하는 필요한 업무 등입니다.[제2조]

이들 총동원 업무에 대한 통제 내용은 그 운용·관리, 기타 일체의 작위作爲를 칙령勅令에 위임한다는 것이었습니다. 즉, 정부는 필요하면 칙령에 의해 국민을 징용徵用할 수 있고, 국민·법인 기타 단체를 총동원업무에 종사, 협력하게 할 수 있으며, 종업자의 사용·고입雇入·해고, 기타 노동조건에 관한 필요명령을 할 수 있습니다.

인력자원의 통제에 관한 규정은, 제4조(징용), 제5조(국민 협력), 제6조(노무 통제), 제7조(쟁의 통제), 제13조 제2항(종업원의 공용), 제21조(국민 등록), 제22조(기능자 양성) 등입니다. 이 가운데 제7조와 같이 기존의 법령이나 경찰에 의한 탄압으로 특별한 새로운 법령을 필요로 하지 않았던 것을 제외하고, 1943년 이후 이 모든 법들은 한층 더 강화되어 '전부동원[몽땅 동원]'이라 불릴 정도였습니다.

국가총동원법은 법조문 자체만 가지고는 구체적인 내용을 확정하기 어렵게 되어 있었으므로 1938년 5월부터 이 법을 모법으로 하는 각종 통제법령이 칙령勅令과 각령閣令, 성령省令, 고시告示 등의 형식을 통해 공포되면서 본격적으로 효력을 발휘하여 강력한 통제체제가 구축되기 시작했습니다.

관계 법령은 일본에서 마련되고, 조선에서도 시행·적용되었습니다. 국민징용령 시행[제4조 적용], 국민근로보국협력령 시행[제5조 적용], 선원징용령·의료관계자징용령·국민근로동원령 시행[제4조, 제6조 적용] 등이 대표적인 사례입니다.

또한 국가총동원법의 규정은 강력한 벌칙으로 뒷받침되었습니다. 제13조에 의한 명령에 불복不服 또는 기피한 경우는 3년 이하의 징역 또는 5천엔 이하의 벌금에 처하였습니다.

국가총동원법은 제1조에서 규정하였듯이 전시 또는 준전시적 사변의 경우에만 적용되는 한시법입니다. 그러므로 1945년 8월 일본이 패전하자 이 법은 명목을 상실하고, 12월 20일에 공포된

'국가총동원법 및 전시긴급조치법 폐지 법률國家總動員法及戰時緊急措置法廢止法律'[법률 제44호]에 따라 1946년 4월 1일 완전히 폐지되었습니다.

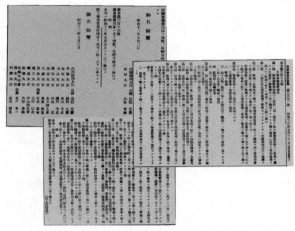

그림 100 조선총독부 관보에 실린 국가총동원법

〈정혜경〉

도움이 되는 글

조선총독부 관보 제3391호[1938.5.10]
勞働行政史刊行會,『勞働行政史』제1권, 1961
小林英夫,「총력전체제와 식민지」,『일제말기 파시즘과 한국사회』, 청아출판사, 1988
김태영,「전전, 일본에서의 국가에 의한 노동통제의 전개과정 : 여성노동을 중심으로」,『일본문화학보』19, 2003

중요한 낱말 ┃ ★

강제동원, 만주국, 군수공업동원법, 도죠 히데키東條英機, 징용

국민징용령은 국가총동원법에 따라 노동력을 동원할 목적으로 국가총동원법 제4조[징용] 규정에 따라 1939년 7월 8일 제정한 통제법령[칙령 451호]입니다.

국가총동원법[1938. 4. 제정. 1938. 5. 공포]은 법조문 자체만 가지고는 구체적인 내용을 확정하기 어렵도록 되어 있었으므로 1938년부터 본격화된 각종 칙령과 각령, 성령, 고시 등을 통해 구체적인 내용을 드러내며 인력동원을 위한 본격적인 기능을 하도록 했습니다. 이런 배경 아래 탄생한 법령이 국민징용령입니다.

국민징용령은 제정 당시 총 26개 조항으로 구성되었는데, 징용을 "특별한 사유가 있는 경우 외에 국민직업소개소의 직업 소개 기타 모집 방법에 의해 소요 인원을 충당하지 못하는 경우에 한해 시행하는 것"으로[제2조], 적용 대상자를 "국민직업능력신고령에 의한 요신고자에 한하여 행한다. 단 징용 중 요신고자 상태에 놓이지 않게 된 자를 계속 징용할 필요가 있는 경우는 이 제한에 있지 않다"고 규정하였습니다.[제3조]

국민징용령 제2조에 명시된 바와 같이 인력동원의 핵심은 "국민직업소개소의 직업 소개 기타 모집 방법에 의해 소요 인원을 충당"하는 방법이었고, 국민징용령에 의해 동원할 수 있는 조건은 국민직업능력신고령과 관련 있습니다.

또한 제6조에 의해 육해군의 부대와 학교를 포함한 총동원 업무 집행 관아의 소관대신은 징용에 의해 당해 관아官衙의 인원 배치가 필요하다고 인정할 경우에 후생대신에게 청구할 수 있었습니다. 군노무자[군무원] 징용의 근거입니다.

국민징용령은 모두 네 차례 개정되었습니다.

법 이름	공포일		주요 내용
국민징용령	1939.7.8	칙령제451호	시행(7.15) 조선·대만·화태·남양군도에 적용(10.1) 전문 26조, 부칙 1항
국민징용령(개)	1940.10.16	칙령제674호	총 13개 조항 개정
국민징용령(개)	1941.12.15	칙령제1129호	총 12개 조항 및 부칙 개정
국민징용령(개)	1943.7.20	칙령제600호	총 18개 조항 개정
국민징용령(개)	1944.2.18	칙령제89호	총 3개 조항 및 부칙 개정

▶ 제정

국민징용령은 1939년 6월 14일 국가총동원심의회에서 그 요강을 심의결정하고 이에 기초해 7월 4일 각의결정을 거쳐 8일에 칙령 제451호로 공포되고 7월 15일부터 실시했습니다. 국민징용령 탄생의 근거가 되는 국가총동원법 제4조 조항은 "정부는 전시에 국가총동원상 필요할 때는 칙령이 정하는 바에 따라 제국신민을 징용하여 총동원업무에 종사하도록 할 수 있다. 단 병역법의 적용을 방해하지 않는다"고 규정하고 국민징용제도의 취지를 명확히 했습니다. 원래 제4조는 1938년 4월 국가총동원법이 공포할 당시에 처음 등장한 것은 아니고 이미 1918년 제정된 군수공업동원법에 정부가 전쟁목적수행을 위해 병역에 있는 자 또는 있지 않는 자를 소집하거나 징용해서 국가나 국가가 관리하는 시설에서 행하는 업무에 종사시킬 수 있도록 하는 내용의 규정이 있었고 이것이 1938년 국가총동원법 제정에 맞추어 군수공업법이 폐지됨과 동시에 제4조가 되었던 것입니다.

중일전쟁 발발 이후 군수 생산력의 확보, 생산력 확충 등을 위해 노무 수요가 급격히 증가하였는데, 중견근로청년이 다수 전선에 나가게 되어 기술요원 충족이 곤란해지게 되었습니다. 그동안 당국은 직업소개 기능을 충분히 발휘해 군수노무충족 제일주의를 표방하고 만전의 노력을 기울여왔는데, 한계에 이르게 되자 국가총원법상 제4조의 발동으로 국민징용령을 제정하게 되었습니다.

국민징용령은 국가가 행하는 총동원업무에 대해 직업소개소의 직업 소개 기타 모집에 의한 목적을 달성할 수 없는 경우에 기술자나 노동자를 징용하여 총동원업무에 종사하도록 하는 것이고, 징용은 후생대신의 권한에 속하며 국민등록의 요신고자 중에서 후생대신이 징용하는 것입니다. 일본이 국민징용령을 발동한 사례는 1939년 7월 만주 및 중국대륙방면에서 육군관계의 건축 작업에 건축기술자 850명을 징용 배치한 것이 최초입니다.

▶ 제1차 개정

전국戰局의 변화에 따라 국민징용령의 틀을 확대하는 것은 자연스러운 일입니다. 중일전쟁을 일으킨 이후 1937년 12월 13일에 난징南京을 점령하고, 1938년 12월에 우한武漢을 점령하는 등 승세를 굳히는 듯 보였던 중국전선은 대본영大本營과 일본 민중들의 기대와 달리 교착상태에 빠지며 지구전에 접어들었습니다. 1937년 9월 중국국민당과 공산당의 제2차 국공합작과 만몽滿蒙 국경에서 소련군과 충돌, 중국 서북부 일부 지역을 제외한 지역에 형성된 전선의 확대는 속전速戰을 통해 중국 전역을 점령하고, 육군 병력을 태평양으로 이동 배치하려던 대본영의 구상을 곤란하게 만들었습니다.

장기전을 치르기에 군비나 물자, 인력, 보급체계 모든 면에서 충분하지 않았던 일본은 중국전선이 교착상태에 빠짐에 따라 인력 동원체제에서도 수정이 불가피 했습니다. 이를 위해 국민징용령을 비롯한 여러 관련 법령이 제·개정되었습니다. 국민징용령의 1차 개정을 통해 총 15개 조항이 수정되거나 추가되었습니다. 제정 당시 26개 조항이었음을 볼 때 개정의 폭은 매우 컸습니다. 1940년 10월 20일 국민징용령 개정을 통해 국민직업능력신고령 대상자 이외의 사람도 징용이 가능하도록 바꾸었고, 동원 가능한 업무 범위도 확대했습니다.

　이 개정에 따라 종래 국민등록의 요신고자에 한해 징용하는 기본 틀이 군사상 필요할 때에는 요신고자 이외의 자를 징용할 수 있도록 하고["군사상 특히 필요한 경우에는 전항의 규정에 구애받지 않고 명령이 정하는 바에 따라 요신고자이외의 자를 징용할 수 있음"(제3조. 추가 조항)], 국가가 행하는 총동원 업무 뿐만 아니라 정부가 관리하는 공장, 사업장에서도 징용이 가능["후생대신 전후의 규정에 의한 청구 또는 신청이 있는 경우에 필요하다고 인정될 때에는 피징용자를 사용하는 관아 또는 관리공장, 피징용자가 종사하는 총동원업무, 직업 또는 장소, 또는 징용의 기간을 변경할 수 있음"(제13조)] 하게 되었습니다. 제13조 조항이 바로 '현원징용', 또는 '현인원징용'이라 불리는 제도의 근거입니다.

　1차 개정 결과, 1939년에 징용된 일본인의 수는 850명[육군]에 불과했으나 1940년에 221,085명[육군 500명, 해군 220,585명]으로, 1941년에 928,567명[육군 40,734명, 해군 164,151명, 관리 723,682명]으로 급증했습니다. 1941년을 정점으로 일본인 피징용자수는 1942년 469,388명, 1943년 283,558명으로 감소 추세를 보였습니다. 일본인이 감소한 대신 조선인 수가 늘어난 점이 주목됩니다.

〈 연도별 조선인 피징용자수 〉

연도별	일본	남방	한반도
1941	4,895		
1942	3,871	135	90
1943	2,341		648
1944	201,189		173,505
1945	9,786		129,581
소계	222,082	135	303,824

▶ 제2차 개정

국민징용령은 1941년 12월 15일 칙령 제1129호로 개정되고 당일 시행되었습니다.

1941년 6월, 독소개전이 일어나고, 태평양전쟁 개전을 목전에 앞둔 시기에 일본의 1941년도 노무동원 계획은 전면적으로 수정되었습니다. 8월 29일 각의 결정 「노무긴급대책요강」[이하 대책요강] 은 이러한 분위기를 잘 반영합니다. 대책요강의 큰 틀은, 근로보국정신의 앙양, 노무의 재배치 및 직업전환, 중요산업요원 충족을 위한 국민등록제 확충과 국민징용제 개정, 근로 조직 정비, 노무배치 조정을 위한 법령 정비, 근로봉사의 제도화 등입니다.

이 같은 대책요강에 따라 여러 관련 규정이 정비되었는데, 내용에는 국민징용령 개정도 포함되어 있었습니다. 국민징용령 제2차 개정[칙령 제1129호. 1941년 12월 15일 공포]의 주요 내용은 피징용자의 종사업무를 확대하고, 후생대신이 지정하는 지정공장을 첨가하여 민간공장에서도 징용을 실시할 수 있게 한 점, 피징용자 및 가족에 대한 부조규정 신설 등입니다.

개정된 조항에 의해 "피징용자는 종래 국가가 행하는 총동원업무, 정부관리공장 등 총동원 업무 외에 필요한 경우에는 후생대신이 지정하는 공장사업장 등의 총동원업무"에도 동원할 수 있게 되었습니다.[제4조 제2항] 아울러 피징용자로 안정되게 총동원업무에 정진할 수 있도록 하기 위해 "업무상 사상병死傷兵이나 징용에 의한 가족과 별거 등 특별한 사정이 있는 경우, 그 생활 곤궁을 구하기 위해" 본인이나 가족에 대한 부조규정이 설치되었습니다.[제19조 제3항]

이 같이 국민징용령 2차 개정에서는 기본적으로 징용대상자나 징용 작업장 확대에 역점을 두었습니다. 이를 통해 비록 국영화하기는 했으나 직업소개소와 기업이 주관한 '자유모집'이라는 외피에 가린 인력동원의 틀이 수정되었습니다. 또한 부조규정을 통해 총동원체제 아래 국민징용제도의 필수적인 당근 정책을 마련했습니다. '부조규정의 신설'은 그동안 당연시되어 온 병력에 대한 원호제도의 범주가 피징용자에게 확대된 것으로 보아야 합니다. 그동안 일본에서 노무자에 대한 부조제도는 공장법과 광산법 등 관련 제도에 의해 이루어졌고, 노동자연금제도 등을 통해 강화되었으나 민간기업의 주도 아래 이루어지도록 함으로써 정부의 책임소재가 제한되어 있었습니다. 그러나 국민징용령 개정을 통해 정부의 책임이라는 점이 명시되었습니다.

또한 2차 개정에서 부조규정이 필요했다는 점은 노동력 동원에 대한 정부 차원의 중요성이 높아졌다거나 책임의 소재가 분명해졌다는 의미에 그치지 않습니다. 무조건적인 헌신이나 대가 없는 노동력 제공이 여의치 않게 되고 공식적인 수준의 반대급부를 사용하지 않으면 안 될 상황에 직면했음을 의미하기도 합니다.

부조규정에 대해 조선에서는 대대적으로 홍보에 나섰습니다.

"이번에 조선에서 처음으로 국민징용령을 발동함에 따라 다수의 청
년이 현하 가장 중요하고도 긴급한 정부의 사업에 종사하게 되었는
데, 이는 우리 반도에서 청년에게 일대 광영일 뿐만 아니라 조선으로
서도 진정 대약진입니다.
대동아전쟁이 발발하자 우리 반도에서는 각 방면에서 많은 총후 후원
의 미담 가화가 속출하고 있는 것을 보고 있는데 국민징용에 의한 응
징자는 특히 근로를 통해 직접 성업의 일단을 부담할 수 있습니다. 이
미 내지에서 많은 청년이 징용에 응해 흔연히 국가의 중요사업에 참
가하고 성업의 익찬에 계속 매진하고 있는 상황에서 우리 반도의 청
년에 대해서도 이와 같이 차별 없는 길이 열리게 된 것은 응징자 본
인 보다 일족 향당으로서 큰 영예이고 큰 감격이라는 점은 말할 나
위 없습니다.
정부에서는 이들 응징자의 취급에 대해 충분히 유의하고 신분상 그
외에 대해서도 일층 매진의 길을 찾으며 일본인이나 가족의 부조 또
는 원호의 은전도 강구하였는데 물론 일반 노무자와는 취급을 달리
하고 있습니다.
징용영서를 교부받은 사람들은 극히 도상途上의 취지를 양득하고 용
약 정부가 명하는 바에 따라 열성으로 내선일체의 결실을 거두고 싶
다. 일반국민은 이러한 근로전사에 대해 병사에게 대하는 것과 같은
성의로서 후고後顧의 걱정을 끼치지 않도록 책무의 완수에 협력을 부
탁합니다.
1942년 1월 8일자 [이시다石田 후생국장, 「국민징용령 발동에 대하여」, 「조선노무」2-1호,
1942.2월호, 64쪽] * 밑줄 - 인용자

▶ 제3차 개정

1941년에 258,192명으로 급속히 증가한 일본의 피징용자 현
황에도 불구하고 전세戰勢의 악화로 인해 일본의 인력 부족 문제
는 해결되지 않았습니다. 비록 대본영은 '전진轉進'이라는 단어를
사용해 패퇴를 인정하지 않았으나 1942년부터 일본은 태평양에

서 제해권을 잃고 있었습니다. 1941년 12월 진주만 공격 이후 필리핀과 괌을 필두로 동남아시아의 대부분을 점령한 일본군은 1942년 6월 5일 미드웨이 해전에서 4척의 항공모함을 잃으면서 전국戰局의 주도권을 빼앗기는 결정적인 계기를 맞았습니다. 더구나 1943년 4월 야마모토山本五十六 해군대장이 전사함으로서 전세를 뒤집을 작은 희망조차 사라졌습니다. 이후 일본전쟁연표는 '전멸'과 '몰살' '함락'만을 기록했습니다.

이러한 상황에서 국민징용령은 3차 개정을 맞게 되고, 3차 개정을 통해 조선과 일본은 '몽땅 동원'체제에 들어갔습니다. 개정된 국민징용령[칙령 제600호. 1943년 7월 20일 공포. 8월 1일 시행. 조선과 대만, 화태, 남양군도에서는 9월 1일 시행]은 제2조 "징용은 국가의 요청에 근거해 제국신민으로 긴요한 총동원업무에 종사할 필요가 있는 경우에 이를 행함"을 비롯해 총 25개 조항이 개정되었습니다. 3차 개정은 지금까지 징용제도의 개정이 '양적인' 문제인데 비해, 3차 개정을 통해 징용의 질적인 전환을 의도했다고 평가받았습니다.

국민징용령 3차 개정 내용의 토대는 1943년 1월 20일자 각의결정[생산증강근로대책긴급요강]에 명시된 국민징용제도의 쇄신강화 방책입니다. 1942년 중반 이후 전황이 악화되면서 군수생산분야도 "생산제반요소의 분리적 동원"이라는 정책 방향에서 변화를 가져와 "일정 부문으로 집중 동원"이 모색되기 시작했습니다. 이러한 상황에서 각의결정이 내려졌습니다. 긴급요강은 "사장의 징용까지 포함하는 징용제도의 쇄신과 강화, 남은 인적 자원 동원의 철저화" 등을 내용을 하고 있습니다. 이 긴급요강을 구체화한 것이 1943년 국민동원계획인데, 이 계획은 노무공급원의 확충과 적정

배치를 기하기 위해 "남자 취업의 금지와 제한, 불급不急학교의 정리, 배치전환의 강제, 국민징용 실시의 강화" 등을 담고 있습니다.

긴급요강에 따라 관련법령이 잇달아 개정되었습니다. 6월에 노무조정령과 국민근로보국협력령이 개정되었고, 7월에 국민징용령이 개정되었습니다.

국민징용령 3차 개정의 특징은 세 가지입니다. 첫째, "징용은 국가의 요청에 근거해 제국신민으로 긴요한 총동원업무에 종사할 필요가 있는 경우에 이를 행함"[제2조]이라는 조항을 통해 이전까지 자유모집의 보완적 역할이라는 소극적 위치에서 벗어나 국가적 성격이라는 적극적인 의의를 강조했다는 점입니다. 이 조항은 종래 견지하던 "징용이 직업소개기관 기타 모집 방법에 의해 소요인원을 확보할 수 없는 한" 실시한다는 방침이 "국가의 요청"으로 수정되었다는 점에서 중요한 의미를 갖습니다. 3차 개정을 통해 징용이 더 이상 '모집의 보충제도'가 아니라는 점을 분명히 한 것입니다.

두 번째는 피징용자의 호칭으로서 '응징사'를 채용했다는 점입니다.[16조] 특히 응징사에 대해서는 1942년 9월 후생성결정[근로관리기본방책의 확정]에 명시된 신상필벌제도 확립 방침에 따라 피징용자의 표창과 복무規율에 대해 명령으로 정할 수 있는 규정을 추가했습니다. 국민징용령 16조 5항[피징용자로서 관리공장 또는 지정공장에서 행하는 총동원업무에 종사하는 자는 이를 응징사라 칭합니다. 응징사의 징계, 복제 기타 응징사의 복무에 관해 필요한 사항은 명령으로 정한다.]에 따라 8월에 '응징사복무기율'을 제정했습니다.

3차 개정의 세 번째 특징은 '고용주 징용'에 대한 규정['후생대신 관리공장 또는 지정공장의 사업주(사업주 법인인 경우에는 대표자)를 징용하고 해당공장에서 담당하는 총동원업무에 종사하도록 함에 제6조 내지 전조前條 규정에 구애받지 않고 명령이 정하는 바에 따라 징용명령을 발하고, 해당 공장의 소재지를 관할하는 지방장관에 이를 통달하여 지방장관으로 하여금 징용령서를 발하여 징용되어야 할 자에게 이를 교부하도록 하거나 또는 징용령서를 발하여 징용되어야 하는 자에게 이를 교부해야 함.'(제7조 4항)]입니다.

이 조항이 만들어진 배경에는 징용공들의 불만을 잠재우고 "황국근로관을 구현"하기 위한 당국의 정책이 자리했습니다. 일본이 전시체제에 들어서 새로운 내용의 노동정책이 수립 운영되면서 노동관의 변화는 불가피했습니다. 그 가운데서도 가장 먼저 강요된 것이 노동의 개념 변화입니다. 이를 위한 다양한 작업의 하나가 법령을 통한 적용이었습니다. 국민징용령도 예외가 아니어서 "징용은 의무이자 명예"라는 명분은 국민징용령 시행 당초부터 일본 당국이 강조해온 점입니다. 아울러 이러한 징용의 국가적 성격을 강조하는 추세는 징용이 민간사업장으로 확대됨에 따라 당국은 특히 의의를 부각했습니다.

그 배경에는 총동원체제로 인해 '징용공'이 된 일본 민중들의 불만을 바탕에 깔고 있습니다. 전쟁의 장기화에 따라 확대된 징용제도는 생산현장의 혼란과 민중의 불만을 불러 일으켰습니다. 1941년 8월부터 시작한 민간사업장의 징용 확대는 국가 ↔ 징용공이라는 국민징용령 실시 당초의 정책 틀을 넘어서 자본 ↔ 징용공이라는 새로운 문맥을 포함하게 되었습니다. 그 결과 징용은 국가적 명예임에도 자본가의 징용공에 대한 대우는 자의적이어서 모순이 발생했습니다. 식량배급제도와 각종 통제법령에 의한 일자리 이동의 통제에 이은 징용의 확대는 민중들이 가장 중요하게 생각해 온 일

상의 정상성을 지나치게 억압하여 생존권의 위험어 정도를 넘어섰
다고 받아들이게 되었습니다.

일본당국은 총동원체제를 유지하기 위해서는 모든 통치 대상자
들을 총동원 대상에서 제외하거나 아니면 지위 고하를 막론하고 모
든 사람들이 감당하는 의무라는 점을 받아들이도록 제도적인 조치
를 마련해야 했습니다. 3차 개정은 후자의 조치였습니다.

▶ 제4차 개정

1944년 국민징용령 4차 개정[1944.2.18. 칙령 제89호]은 "국민직
업능력신고령 제2조 제1호 내지 제5호에 해당하는 요신고자"를
"국민직업능력신고령에 의한 과학기술자"로 수정하는 등 제7조와
제25조의 일부 문구를 조정한 소폭 개정입니다.

제3차 개정을 통해 '몽땅 징용 시대'를 열었지만, 일본의 상황은
좋아지지 않았습니다. 1943년 9월 8일 이탈리아의 항복과 태평
양 전선에서 해군은 연이어 패퇴합니다. 이탈리아의 항복으로 유
럽 전선에서 전선이 줄어들자 연합군 전력은 남은 전선에 집중될
수 있었지요. 일본군은 10월 2일 솔로몬군도 중부의 코론반가라
섬 일본군 1만 2000명 철퇴, 11월 21일에는 길버트제도의 마킨
과 다라와 전투에서 일본군 수비대 5400명 전멸 등 태평양 전선에
서 패퇴를 계속하고 있었습니다.

이러한 전국戰局의 변화로 인해 1943년 하반기에는 노동력 투
입과 통제경제 정책이 더욱 확대, 강화되었습니다. 1943년 10월
2일자로 공포된 재학징집연기임시특례로 인해 학생의 징병유예가
정지되었고, 18일과 31일에 각각 통제회사령과 군수회사법이 공

포되었습니다. 1944년에는 '제2중공업부분기업정비조치요강'[각의 결정]에 의해 군수 관련 공업의 기업계열을 정비하고[1.18], 같은 날, 군수회사법에 따라 미쓰비시三菱중공업(주) 등 150개사를 군수회사로 지정했습니다. 그 결과 군수회사 소속 노동자들은 현원징용으로 전환되어 대규모 피징용자를 양산했습니다.

1945년 3월 5일, 일본이 본토결전을 준비하면서 국민근로동원령[칙령제94호]이 제정되자, 그 규정에 따른 학교졸업자사용제한령 · 국민징용령 · 노무조정령 · 국민근로보국협력령 · 여자정신근로령의 정비 통합에 의해 국민징용령도 폐지되었습니다.

국민징용령은 국민직업능력신고령 등 관련 법령과 연동되어 실시된 법령이고, 전국戰局의 변화에 따라 여러 차례 개정을 거쳤습니다. 국민징용령에 의한 조선인의 '징용'이란, 단지 강제성을 규정하는 잣대로서만 의미를 갖지 않습니다. 특히 제3차 개정을 계기로 동원과정이나 담당 업무 내용, 원호제도의 마련 등 질적으로 이전 시기와 차이를 보이기 때문에 식민지 조선의 동원 체제 전체의 상을 파악하는데 매우 중요한 의미를 갖습니다.

그러나 학계에서는 다수의 피징용자를 양산한 시기였던 1944년을 "최초로 조선인이 징용"당한 시기로 파악했습니다. 마치 "1939년에 제정 · 공포된 국민징용령에 조선인이 적용되지 않는다"는 제한 조항이라도 명시되어 있는 듯 오인해왔습니다. 또한 국민징용령에 의한 '피징용자'의 신분이 일본정부가 생산한 명부에 '군무원'으로 기재된 점을 정확히 파악하지 못하고, 잘못 이해하고 있었습니다. 이러한 인식과 연구로 인해 조선과 조선인에게 적용된 국민징용제도의 실체는 잘못 알려져왔습니다.

제1조 국가총동원법 제4조 규정에 따라 제국신민의 징용은 별도로 정한 것을 제외하고는 본령이 정하는 바에 따른다.

제2조 징용은 특별한 사유가 있는 경우 외에 직업소개소의 직업소개 기타 모집의 방법에 따라 소요 인원을 얻을 수 없을 경우에 한해 이를 행하는 것으로 한다.

제3조 징용은 국민직업능력신고령에 따라 요신고자(이하 요신고자라 칭함)에 한해 이를 행한다. 다만 징용 중 요신고자가 아닌 자를 계속 징용할 필요가 있는 경우는 이에 국한하지 않는다.

제4조 본령에 의해 징용하는 자는 국가가 행하는 총동원업무에 종사하는 자로 한다.

제5조 징용 및 징용 해제는 후생대신의 명령에 따라 이를 실시한다.

제6조 총동원업무를 행할 관아(육해군의 부대 및 학교를 포함, 이하 이와 같음)의 소관 대신이 징용에 의해 당해관아에 인원 배치를 필요하다고 인정할 때에는 후생대신에게 이를 청구해야 한다.

제7조 후생대신은 전조의 제안에 따라 청구한 경우에 징용할 필요가 있다고 인정할 때에는 징용명령을 발해 징용되어야 할 자의 거주지(국민직업능력신고령 제2조 제1호의 직업에 종사하는 자에 대해서는 그 자의 취업지)를 관할하는 지방장관에 이를 통보해야 한다.

지방장관 징용명령의 통달을 받은 때에는 바로 징용령서를 발하고 징용시켜야 할 자에게 이를 교부해야 한다.

제8조 징용영서에는 다음에 게시할 사항을 기재해야 하고 다만 군기보호상 특별히 필요 할 때에는 제3호에 언급한 사항의 전부 또는 일부를 생략할 수 있다.

징용되어야할 자의 이름, 출생 연월일, 본적, 거주 장소(국민직업능력신고령 제2호 제1호의 직업에 종사하는 자에 대해서는 취업의 장소)

종사해야할 총동원업무를 행할 관아의 명칭 및 소재지

종사해야할 총동원업무, 직업 및 장소

징용의 기간

출두해야 할 일시 및 장소

기타 필요하다고 인정하는 사항

제9조 지방장관은 징용되어야할 자의 거주 및 취업의 장소, 직업, 기능정도, 신체의 상태, 가정의 상황, 희망 등을 참작하고 징용의 적부

및 종사해야 할 총동원업무, 직업 및 장소를 결정하여 징용령서를 발해야 한다.

제10조 지방장관은 징용의 적부 기타를 제정할 필요가 있을 때에는 징용되어야할 자에게 출두를 요구할 수 있다.

제11조 징용령서의 교부를 받는 자가 질병 기타 피할 수 없는 사고로 인해 지정한 일시 및 장소에 출두할 수 없는 경우에는 명령에서 정하는 바에 따라 지방장관에 그 요지를 제출해야 한다.

전항의 규정에 따라 제출한 경우에 지방장관이 필요가 있다고 인정할 때에는 출두 일시 또는 장소를 변경하고 그 징용에 적합하지 않다고 인정될 때에는 징용을 취소할 수 있으며, 이 경우에 출두변경령서 또는 징용취소령서를 발하고 이를 교부해야 한다.

제12조 피징용자를 사용하는 관아의 소관대신은 피징용자가 종사할 총동원업무, 직업 또는 장소 또는 징용의 기간에 대해 변경을 필요로 할 때에는 후생대신에 이를 청구해야 한다.

제13조 후생대신은 전조의 규정에 따라 청구한 경우에 필요하다고 인정할 때에는 피징용자가 종사할 총동원업무, 직업 또는 장소 또는 징용의 기간을 변경할 수 있다.

제14조 피징용자를 사용하는 관아의 소관대신은 피징용자가 질병 기타 사유에 따라 총동원업무에 종사하기에 적합하지 않다고 인정할 때 또는 그 자로 총동원업무에 종사시키는 것이 필요 없게 될 때에는 후생대신에 징용 해체를 청구해야 한다.

피징용자의 질병 기타 사유에 따라 총동원업무에 종사하기 어려운 경우에는 피징용자를 사용할 관아의 소관대신에게 요지를 신고 제출해야 한다.

제15조 후생대신은 전조 1항의 규정에 따라 청구할 경우에는 징용을 해제할 수 있다.

후생대신이 필요하다고 인정할 때에는 전조 제1항의 규정에 따라 청구하지 않는 경우라도 피징용자를 사용하는 관아의 소관대신과 협의하여 징용을 해제할 수 있다.

제16조 후생대신이 징용의 변경 또는 해제를 하고자할 때에는 징용변경명령 또는 징용해제명령을 발해 명령이 정하는 바에 따라 피징용자의 취업지를 관할하는 지방장관, 징용령서를 발하는 지방장관 또는 제8조 제5호 출두의 장소를 관할하는 지방장관에게 이를 통달해

야 한다.

지방장관은 징용변경명령 또는 징용해제명령의 통달을 받았을 때에는 곧 징용변경령서 또는 징용해제령서를 발해 피징용자에게 이를 교부해야 한다.

피징용자가 본령 시행지 외의 장소에서 취업할 경우에 징용의 변경 또는 해제를 하고자할 때에는 전2항의 규정에도 불구하고 후생대신은 징용변경령서 또는 징용해제령서를 발해 피징용자에게 이를 교부해야 한다.

제17조 피징용자가 총동원업무에 종사할 경우에는 총동원업무를 행하는 관아의 장의 지휘를 받아야 한다.

제18조 피징용자에 대한 급여는 해당자의 기능정도, 종사할 업무 및 장소 등에 따라 종전의 급여 기타 이에 따라야 하며 수입을 참작해 이를 지급한다.

피징용자에 대한 급여에 관해 필요한 사항은 피징용자를 사용하는 관아의 소관대신이 후생대신에게 협의하여 이를 정한다.

제19조 징용되어야할 자가 제10조 규정에 따라 출두할 경우, 피징용자는 징용령서를 교부 받아 지정한 장소에 출두하거나 또는 징용이 해제되어 귀향할 경우에는 여비를 지급한다.

전항의 경우에 전금을 지급해주지 않으면 출두할 수 없는 자의 여비는 해당자의 거주지 시정촌 또는 이에 준하는 곳에서 일시 변통 지변(支辦)해야 한다.

징용되어야할 자가 제10조 규정에 따라 출두할 경우 여비 및 일시 변통 지변에 관해 필요한 사항은 후생대신이 이를 정한다.

피징용자가 징용령서의 교부를 받고 지정한 장소에 출두할 경우 여비 및 일시 변통 지변 및 징용이 해제되어 귀향할 경우 여비에 관해 필요한 사항은 피징용자를 사용하는 관아의 소관대신이 후생대신에게 협의하여 이를 정하도록 한다.

제20조 후생대신 또는 지방장관은 명령이 정하는 바에 따라 징용에 관해 국가총동원법 제31조 규정에 따라 보고를 요구할 수 있다.

후생대신 또는 지방장관은 징용에 관해 필요하다고 인정할 경우에는 국가총동원법 제31조 규정에 따라 당해 관리로써 공장, 사업장 기타 장소에 임검하여 업무의 상황 또는 장부서류 기타 물건을 검사하도록 할 수 있다. 이 경우에 당해관리로써 그 신분을 나타내는 증표를

휴대하도록 해야 한다.

제21조 좌의 각 호의 하나에 해당하는 자는 이를 징용할 수 없다.

육해군 군인으로서 현역중인 자(아직 입영하지 않은 자를 제외) 및 소집 중의 자(소집 중 신분취득을 받은 자를 포함)

육해군학생생도(해군예비연습생 및 해군예비보습생을 포함)

육해군군속(피징용자로써 여기에 해당하는 자를 제외)

의료관계자 직업능력신고령에 따라 신고를 해야 할 자

수의사직업능력신고령에 따라 신고를 해야 할 자

선원법의 선원, 조선선원령의 선원 및 관동주선원령의 선원

법령에 따라 구금중인 자

제22조 좌의 각 호의 하나에 해당하는 자는 특별히 필요한 경우를 제외하고는 징용하지 않는다.

남은 인력餘人으로써 대신할 수 없는 직에 있는 관리, 대우관리 또는 공리

제국의회, 도부현회, 시정촌회 기타 이에 준해야할 의원

총동원업무에 종사하는 자로써 남은 인력餘人으로써 대신할 수 없는 자

제23조 후생대신은 명령이 정하는 바에 따라 직업소개소장으로써 징용에 관한 사무의 일부를 분장시키고 또한 시정촌장(동경시, 경도시, 대판시, 나고야시, 요코하마시 및 고베시에 거주하는 구장) 또는 이에 준하는 자로서 징용에 관한 사무를 보조하도록 할 수 있다.

시정촌장(동경시, 경도시, 대판시, 나고야시, 요코하마시 및 고베시에 거주하는 구장) 또는 이에 준해야 하는 자가 전항의 규정에 따라 징용에 관한 사무를 집행하는데 요하는 비용은 시정촌 또는 이에 준하는 것으로써 일시 변통立辨해야 한다.

전항의 비용 및 일시 변통立辨에 관해 필요한 사항은 후생대신이 정한다.

제24조 후생대신은 본령의 시행에 관한 중요사항에 대해서는 내각총리대신에 협의해야한다.

제25조 본령 중 후생대신은 조선, 대만, 화태 또는 남양군도에 있어서는 각 조선총독, 대만총독, 화태청장관 또는 남양청장관으로 하고, 총동원업무를 행하는 관아의 소관대신 또는 피징용자를 사용할 관아의 소관대신은 그 관아 소관대신이 육군대신 또는 해군대신인 경우를 제외하고는 조선, 대만, 화태 또는 남양군도에 있어서는 각 조선총독, 대만총독, 화태청장관 또는 남양청 장관으로 한다.

본령 중 지방장관은 조선에서는 도지사, 대만에서는 주지사나 청장, 화태에서는 화태청장관, 남양군도에서는 남양청장관으로 하고 직업소개소장은 조선에서는 부윤, 군수나 도사島司, 대만에서는 시윤市尹이나 군수(팽호澎湖청에서는 청장), 화태에서는 화태청 지청장, 남양군도에서는 남양청 지청장으로 한다.

제26조 본령에 규정하는 것 외에 징용에 관해 필요한 사항은 명령으로써 정한다.

부칙

본령은 1939년 7월 15일부터 시행한다. 단, 조선, 대만, 화태 및 남양군도에서는 1939년 10월 1일부터 시행한다.

내각총리대신 남작 平沼琪一郎
척무대신 小磯 國昭
후생대신 廣瀨 久忠
[7월 8일자 관보. 조선총독부관보 3811호 9월 30일자]

〈정혜경〉

도움이 되는 글

조선총독부 관보 제5000호, 1943. 9. 30일자
조선총독부기획실,『조선시국관계법규』
勞働行政史刊行會,『勞働行政史』제1권, 1961
佐佐木 啓,「戰時期における徵用制度の展開過程」, 早稻田大學 修士論文, 2003
佐佐木 啓,「徵用制度下の勞資關係問題」,『大原社會問題硏究所雜誌』568(法政大學), 2006
정혜경,『일본 제국과 조선인 노무자 공출』, 선인출판사, 2011
정혜경,『징용 공출 강제연행 강제동원』, 선인출판사, 2013
아시아역사자료센터 소장 자료[공문유취 63편, 68편, 69편]
 http://www.ndl.go.jp/horei_jp/kakugi/txt/txt00343.htm

중요한 낱말 | ★

국가총동원법, 노무조정령, 국민직업능력신고령, , 노무긴급대책요강, 현원징용, 응징사, 피징용자, 국민근로동원령

노무조정령[칙령 제1063호. 1941.12.8 제정]은 종업자이동방지령
[1940년 12월 5일 시행]과 청소년고입제한령[1940년 8월 31일 시행] 등 노
동력 통제법에 대한 보완법령입니다. 총4장 20조, 부칙으로 구성
되었습니다.

일본은 국가총동원법을 시행하기 위한 제도적 장치로서 수의
사·선원·의료관계자를 대상으로 하는 각종 직업능력조사제도와
노동력 실태파악·노동력통제·자금통제·사업통제·문화통제에
관한 각종 관련 법령을 마련했습니다. 이러한 법령들은 국가동원
체제가 특별히 필요로 하는 기능을 가진 자의 전반적 파악과 노동
력 실태파악을 바탕으로 노동력에 대한 관리통제를 목적으로 한 것
입니다. 특히 전쟁의 확대에 따라 젊은 층의 노동력 수요가 급증
하고, 기술 인력에 대한 공급부족현상이 심화되면서 필요한 인력
을 당국이 원하는 곳에 배치할 수 있도록 하는 관리통제가 필요했
습니다. 종업자이동방지령과 청소년고입제한령은 이러한 배경 아
래 탄생했습니다.

그러나 1941년 6월, 독소개전이 일어나고, 일본이 태평양전쟁
을 목전에 앞둔 시기에 일본의 1941년도 노무동원 계획은 전면적
으로 수정되었습니다. 8월 29일 각의 결정 「노무긴급대책요강」[이
하 대책요강]이 대표적인 사례입니다. 대책요강의 큰 틀은, 근로보국
정신의 앙양, 노무의 재배치 및 직업전환, 중요산업요원 충족을 위
한 국민등록제 확충과 국민징용제 개정, 근로 조직 정비, 노무배치

조정을 위한 법령 정비[종업자이동방지령과 청소년고입제한령을 폐지하고 새로운 법령을 제정], 근로봉사의 제도화 등입니다.

이 같은 대책요강에 따라 관련 규정이 정비되었습니다. 먼저 노무배치 조정을 위해 종업자이동방지령과 청소년고입제한령을 폐지하고 새로이 국민근로보국협력령[칙령 제995호, 12.1. 시행. 만 14세 이상 40세 미만의 남성 및 14세 이상 25세 미만 여성을 동원]을 제정해 일반 청장년들이 30일 이내의 노동을 하도록 했습니다.

그러나 이 시기 가장 큰 폭의 변화는 노무조정령의 제정입니다. 노무조정령은 종업자이동방지령과 청소년고입제한령 등 당시 운영되던 노동력통제법에 대한 보완을 위해 탄생한 법령입니다. 종업자이동방지령과 청소년고입제한령은 모두 사용주로 하여금 종업자가 다른 공장에 취직하는 것을 제한하게 하는데 그쳐 종업자 자신의 퇴직은 자유로운 상태였습니다. 또한 지정 산업 외에 상업 방면에 취직이 자유로웠기 때문에 퇴직율이 높았고, 종업자의 이동방지에 대한 충분한 효과를 거두기 어려웠습니다. 아울러 중요 산업으로부터 평화산업으로 이동을 막을 수 없다는 치명적인 약점도 드러냈습니다. 이에 이를 보완할 새로운 제도적 장치가 필요하게 되었습니다.

이를 개선하기 위해 일본은 두 법령을 전면적으로 개정 통합하고 그 위에 새로이 종업자의 해고 및 퇴직을 제한하는 규정을 신설한 노무조정령을 공포했습니다.

노무조정령은 1941년 12월 8일에 제정, 1942년 1월 10일 공포·시행되었고, 1942년 6월에 제1차 개정을 비롯해 1943년 6월, 1943년 11월, 1944년 5월, 1944년 11월 등 여러 차례 개정을 거쳐 1945년 3월 5일자[국민근로동원령 공포]로 폐지되었습니다.

　노무조정령의 핵심은 "국가의 긴요한 사업에 요하는 노무를 확보하기 위해 국가총동원법 제6조 규정에 근거하여 종업자의 고입, 사용, 해고, 취직, 종업, 퇴직, 임금, 급료 기타 종업조건에 관한 명령의 제한은 별도로 정하는 것을 제외하면 본령이 정하는 바에 따른다."[제1조]는 총칙에서 알 수 있듯이, 적용대상이 사용자 뿐 만 아니라 종업자의 취직과 퇴직까지 통제하는 단계에 접어들었음을 명시한 법령이라는 점입니다. 또한 적용제외대상으로 "14세 미만 또는 60세 이상의 남자 및 14세 미만, 40세 이상의 여자로서 기능자의 고입 및 취직을 한 경우"[제5조]로 명시함으로써, 기능자의 범위를 국민직업능력신고령에 비해 넓혔습니다.

그림 101 노무조정령 시행에 즈음한 이시다 후생국장의 기고문[『매일신보』 1942.1.11일자]

노무조정령의 주요 내용은 크게 네 가지입니다.

첫째, 종업자의 해고, 퇴직 제한입니다. 종래에는 종업자의 이동방지에 대해 종업자이동방지령과 국민노무수첩법 등에 의해 주로 고입雇入 제한은 했지만 이동의 발단인 해고나 퇴직을 직접 제한하지는 않았습니다. 노무조정령에서는 "후생대신이 지정하는 일정 범위의 종업자[공업관계 기술자, 경험공, 학교졸업자, 양성공, 검정시험합격자 등 그 범위는 대개 국민등록의 기능등록에 해당하는 대상자와 일치]의 해고, 퇴직은 소관 국민직업지도소장의 인가를 요하는 것"으로 명시하고 "해고기간 만료 등에 의한 해고관계의 종료의 경우에도 원칙으로는 계속 해고관계를 존속"시키도록 규정했습니다.[제2조]

둘째, 종업자의 고입, 취직의 제한입니다. 한정된 인적자원으로 전시에 팽대해진 노무수요를 충족하기 위해서는 불요불급한 사업에서 노무를 극적 절감할 필요가 있었습니다. 이를 위해 고입과 취직의 제한대상을 기능자, 국민학교 수료자 및 일반 청장년으로 구분해서 각각 제한 방법을 명시했습니다.[제4조, 제6조, 제7조]

셋째, 공급종업자의 사용제한입니다. 노무조정령에서는 종업자의 고입과 취직 제한 외에 노무공급업자가 공급하는 종업자의 사용에 대해서도 제한했습니다. 국민학교 수료자와 일반 청장년에 해당하는 공급종업자 사용에 대해 국민직업지도소장이 인가하도록 했고, 기능자는 기술관리 측면에서 상용자로서 고용하는 것이 바람직하다는 견지에서 노무공급계약에 기초한 사용을 금지했습니다.[제9조]

넷째, 해고 및 퇴직 명령입니다. 노무조정령의 고입, 취직제한 규정을 위반하는 고입이나 취직을 할 경우, 국민직업지도소장은

해고와 퇴직을 명할 수 있도록 규정했습니다.[제13조]

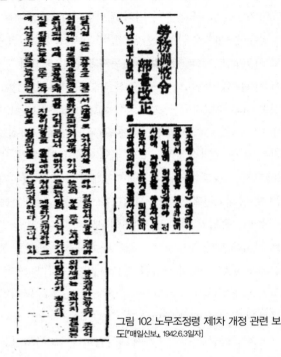

그림 102 노무조정령 제1차 개정 관련 보도[『매일신보』, 1942.6.3일자]

▶ 노무조정령 제2차 개정

노무조정령 제2차 개정이 가장 큰 폭으로 개정된 법령입니다.

1943년 1월 20일자 각의결정[생산증강근로대책긴급요강]에 따라 노무조정령과 국민징용령, 국민근로보국협력령 등이 모두 개정되었습니다. 각의결정 '생산증강근로대책긴급요강'에서 중요한 점은 국민징용제도의 쇄신강화방책입니다. 1942년 중반 이후 전황이 악화되면서 군수생산분야도 "생산제반요소의 분리적 동원"이라는 정책 방향에서 변화를 가져와 "일정 부문으로 집중 동원"이 모색되기

시작했습니다. 이러한 상황에서 각의결정 '생산증강근로대책긴급
요강'이 내려졌습니다.

생산증강근로대책긴급요강에 따라 관련법령이 잇달아 개정되
었습니다. 6월에 노무조정령과 국민근로보국협력령이 개정되었
고, 7월에 국민징용령이 개정되었습니다. 개정된 노무조정령은 "
남자 종업자의 고입, 사용, 취직 및 종업을 금지 혹은 제한"하는 한
편, "기업정비관련자에 대해 후생대신이 지정하는 공장사업장에
취직을 명할 수 있다"는 내용이 핵심입니다.

▶ 노무조정령과 조선

노무조정령은 조선에도 적용되었습니다. 1941년 하반기부터
조선총독부와 일본 내각 사이에 협의를 거친 후 노무조정령이 공
포·시행되기 하루 전인 1942년 1월 9일에 원칙적인 합의가 이루
어졌습니다. 합의 결과 노무조정령의 공포와 동시에 시행규칙[전문
16개조와 부칙]이 하달되어 곧바로 실시되었습니다.

조선에서 노무조정령의 시행과정은 다음과 같습니다.

조선총독, 노무조정령과 시행규칙[조선총독부령 제3호, 1942.1.10]을 공포 ⇒
후생국장, 담화 발표 ⇒ 후생국장, 각 도지사에게 공문을 통해 노무조
정령이 구체적으로 시행되도록 지시 ⇒ 후생국장·내무국장, 각 도지
사를 상대로 사무규칙요강과 인가신청서 취급관련 규칙을 하달하고
법령 내용을 인지하도록 함 ⇒ 각 도지사는 질의를 통해 후생국장과
사무규칙이나 구체적인 시행와 관련해 협의를 거친 후 시행

1945년 3월 5일, 일본이 본토결전을 준비하면서 국민근로동
원령[칙령제94호]이 제정되자, 그 규정에 따른 학교졸업자사용제한

령 · 국민징용령 · 노무조정령 · 국민근로보국협력령 · 여자정신근로령의 정비 통합에 의해 노무조정령도 폐지되었습니다.

〈정혜경〉

도움이 되는 글

조선총독부기획실, 『조선시국관계법규』
勞働行政史刊行會, 『勞働行政史』제1권, 1961
정혜경, 『일본 제국과 조선인 노무자 공출』, 선인출판사, 2011

중요한 낱말 **★**

국가총동원법, 국민징용령, 국민근로동원령, 국민직업능력신고령, 노무긴급대책요강

국민노무수첩國民勞務手帳은 국민노무수첩법[國民勞務手帳法. 법률 제 48호, 1941.3.7 공포, 7.21시행]에 의해 시행된 제도입니다. 국민노무수첩법은 국민직업능력신고령이 개정할 때 마다 일부 자구가 개정되기도 했습니다.

국민노무수첩법은 "노무의 적정한 배치를 도모하기 위한 기초를 확립"한다는 목적을 내걸고 제정된 통제법입니다. 당시 군수생산을 확보하고 생산력확충계획을 수행하기 위해서는 노무의 적정한 배치를 해야 했으므로 노무의 배치상황을 명확히 하고 배치계획의 수립과 계획의 유효한 실시를 확보하는 기초를 확립할 목적이었습니다.

당국은 이미 노동자의 이동방지를 위해 국가총동원법에 의거한 종업자이동방지령[1940년 12월 5일 시행]을 제정·시행하고 있었지만 당시에는 노동자의 신분경력을 관리할 수 있는 수첩제도가 없었으므로 노동자 이동방지에 그다지 효과를 거두지 못하고 있었습니다. 그러므로 국민노무수첩법을 실시해 노동자를 대상으로 수첩제도를 적용하고 신분경력기능정도 등을 명확히 하고 수첩에 의해

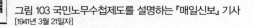

그림 103 국민노무수첩제도를 설명하는 『매일신보』 기사
[1941년 3월 21일자]

노동자의 취업과 사용을 규제함으로써 이동방지를 한층 강화하고
자 국민노무수첩제도를 마련했습니다.

물론 이 법은 노동자의 이동방지와 밀접한 관련이 있었지만 이
동방지만을 위해서 마련한 제도는 아니고 시시각각 달라지는 정세
에 대응해 각종 노무대책을 마련할 목적도 있었습니다. 그러므로
이동방지 외에 임금통제나 기타 노무통제, 노동자연금보험제도 실
시는 물론이고, 노동자의 신분경력기능정도 등에 관한 국가적 증
명제도로서 노무관리에 필수적인 제도였습니다.

그림 104 다카야마시 국민직업지도소장이 발급한 국민노무수첩 표지와 내지
[대일항쟁기위원회, 「조각난 기억」]

국민노무수첩법의 개요를 보면, 공장광산이나 기타 기술자와
노동자들은 신분·경력·기능정도·임금 등을 기재한 국민노무수
첩을 소지하도록 하고 국민직업지도소에 등록해서 배치상황을 명
시하도록 하며 이에 따라 기술자와 노동자의 사용 및 취업에 필요
한 규제를 하는 내용으로 되어 있습니다.

수첩을 소지해야 하는 대상자는 "14세 이상 60세 미만의 국
민노무수첩법시행규칙에 제시한 기술자나 노동자로 공업, 광업,
토목건축업, 교통운수업, 화물취급업, 통신사업 종사자"입니다.

시행규칙[1941.6.14 제정]에 의하면, 수첩은 정부가 발행하는데, 종업자가 되려는 자가 취업지에서 신청을 하면 국민직업지도소장이 발급하도록 되어 있습니다.[시행규칙 제1조] 수첩에는 이름, 연령, 본적지, 거주지, 병역관계, 직업, 학력, 취업 장소, 기능정도, 임금, 급여 등 인적사항이 상세히 기재되도록 규정되었습니다.[시행규칙 제2조] 그런데 수첩은 개인이 소지하는 것이 아니라 사용자가 보관하도록 되어 있습니다. 수첩의 주인공은 "자신의 수첩을 보고 싶을 때에는 사용자에게 보여달라고[청구]해서 열람"할 수 있을 뿐입니다.

〈정혜경〉

도움이 되는 글
勞働行政史刊行會, 『勞働行政史』제1권, 1961

중요한 낱말 ┃ ★

국민노무수첩법, 국가총동원법, 종업자이동방지령, 국민직업지도소, 국민직업능력신고령

국민근로동원령[칙령제94호, 1945.3.5 공포, 3.10 시행, 조선·대만·남양군도는 4.1 시행]은 일본이 본토결전을 준비하면서 제정 공포한 법령입니다. 요원 및 취업 확보, 근로동원, 기동배치, 벌칙 등 4개장, 68개 조문과 부칙으로 구성되었습니다. 조선에는 4월 1일자로 시행되었습니다.

그림 105 『매일신보』 1945년 4월 1일자 기사

이 법에 따라 학교졸업자사용제한령·국민징용령·노무조정령·국민근로보국협력령·여자정신근로령이 폐지되었습니다.

이 법이 만들어진 가장 큰 배경은 1944년말에 일본군이 태평양과 동남아시아 전선에서 패퇴하고 일본 본토에 대한 연합군의 공습이 본격화되면서 본토결전을 대비해야 하는 상황입니다. 이제는 군수물자나 생산하고 있을 상황이 아니라 일본 본토를 지켜야 하는 절박한 상황이 되어 버렸기 때문입니다.

그림 106 『매일신보』 1945년 4월 1일자 기사. '황토결전태세만전'이
라는 제목이 절박함을 표현하고 있다.

일본 당국이 밝힌 국민근로동원령 제정 목적은 크게 여섯가지입니다.

첫째, 각 산업부문의 근로사정에 대처하고 군 동원과 연계를 감안하면서 각 산업을 통한 종합적 국민근로동원의 결실을 확립

둘째, 어떠한 사태에도 지속적이고 적확하게 대처할 수 있도록 국민근로동원의 계획적 운영을 도모

셋째, 어떠한 사태에도 잘 대처할 수 있도록 국민동원 방식을 확립

넷째, 생산계획의 변이變移, 긴급업무의 완수 등에 대처하고 근로의 기동적 배치를 강력히 실시

다섯째, 공습시에 대처하고 국민 근로력의 전적인 앙양을 도모

여섯째, 동원행정의 간소, 신속, 적확한 운영을 도모

법률 제정 목적이 '긴급한 상황'과 '공습에 대처'하기 위한 것이었음을 확인할 수 있습니다.

제1조와 제2조에서 "국가총동원법 제4조 내지 제6호 규정에 따라 국민근로동원에 관한 명령은 별도로 규정한 것을 제외하고는 본령이 정하는 바에 따르"며, "근로동원의 완수를 도모하고 제국신민으로서 근로동원의 본의에 따라 국가의 요청에 응해 총원 근로배치에 대해 전력을 다해 전력 증강에 힘을 기울일 것을 목적"으로 한다고 규정되어 있습니다.

국민근로동원령 제5조에는 공습 기타 사태가 발생 할 경우에 전시요원의 취업확보를 도모하기 위해 필요한 명령을 할 수 있도록 하려는 내용이 규정되어 있었습니다. 그래서 제5조 규정에 따라 1945년 5월 24일 후생·군수성령 제56호로 전시요원긴급요무령戰時要員緊急要務令을 공포해 즉시 시행했습니다. 이 령에서는 사업주인 전시요원은 긴급사태가 발생할 경우에 부하들이 즉시 기동적으로 제반 업무에 종사하도록 하는 내용을 비롯해서 공습과 공습으로 인한 재난에 대응하는 내용을 규정하고 있습니다.

국민근로동원령시행규칙[전문 79개조, 부칙]을 통해 세부사항을 명시하고 관련 양식을 제시했습니다.

국민근로동원령은 1945년 10월 10일자 칙령 제566호에 따라 의료관계자징용령, 의료관계자직업능력신고령, 공장사업장기능자양성령, 중요사업장노무관리령, 학도근로령, 학교기능자양성령, 국민근로동원위원회관제와 함께 폐지되었습니다.

〈정혜경〉

도움이 되는 글
조선노무협회, 『조선노무』4-10권, 1944
조선총독부 관보 제5444호, 1945.3.31일자
勞働行政史刊行會, 『勞働行政史』제1권, 1961

　중요한 낱말 | ★

국가총동원법, 국민징용령, 노무조정령, 국민근로보국협력령, 여자정신근로령, 학교졸업사사용제한령 일본이 저지른 아시아태평양전쟁은 일본과 식민지, 점령지의 모든 인력과 물자, 비용을 동원해서 치르는 총동원전쟁입니다. 총동원전쟁은 대규모 병력을 요구합니다. 전장에서 대규모 교전군들이 전투를 하기 위해서는 병사의 12~13배에 해당하는 후방 노동력이 필요합니다. 이들은 대병력이 소모하는 군수품을 보급하는 중차대한 역할을 담당하는 산업군産業軍입니다. 그러므로 전쟁을 수행하는 주체라면 당연히 대규모 병력 외에도 "물자를 원활하고도 적절하게 조달하는 후방 노동력과 이를 적시에 수송하는 방법"에 노력을 기울입니다. 군수품 보급은 노동력과 물자의 적절한 조화가 열쇠이니까요.

일본의 아시아태평양전쟁 수행을 위한 기본 축은 총동원계획과 동원관련 법령, 운영기구의 세 가지입니다. 총동원체제 운영 흐름은 '자원조사에 의한 현황 파악 → 수요 결정 → 계획 수립[동원 및 배분의 범위·규모의 결정] → 자원 동원 → 자원 배분'으로 이어집니다. 그러므로 물자와 노동력의 상황에 따라 인력과 물자는 융통성 있게 동원·배분되었습니다. 인력의 융통성 있는 배분이 바로 '전환배치'입니다.

큰 틀에서 전환배치의 법적 근거는 국가총동원법과 국민징용령입니다. 국가총동원법은 '인적·물적 자원의 통제 운용'을 규정했으므로 큰 틀에서 전환배치의 법적 근거라고 할 수 있습니다. 아울러 국민징용령의 관련 규정에 따르면, 특정 작업장에 징용된 인력이 당국의 필요에 따라 전환배치할 수 있도록 규정되어 있습니다. 이 때 당국은 징용변경서를 교부하여 전근수속을 밟게 되는데, 특정 기업이 자의적으로 전근수속을 할 수 없도록 되어 있습니다. 그러므로 전환배치란 당국이 결정하지 않으면 불가능한 것이지요.

그럼 전환배치의 구체적인 법적 근거를 살펴볼까요. 1941년과 1943년의 각의결정 및 국민징용령 제1차 개정[1940년 10월 20일자]에 명시된 현원징용에 관한 규정이 해당됩니다.

먼저 각의 결정을 보면, 1941년 6월, 독소개전獨蘇開戰 후 태평양전쟁을 목전에 둔 시기에 1941년도 노무동원 계획이 전면 수정되었습니다. 1941년 8월 29일 각의 결정인 '노무긴급대책요강'은 이러한 분위기를 잘 반영합니다. '노무긴급대책요강'의 큰 틀은, "근로보국정신의 앙양, 노무의 재배치 및 직업전환, 중요산업요원 충족을 위한 국민등록제 확충과 국민징용제 개정, 근로 조직 정비, 노무배치 조정을 위한 법령 정비[종업자이동방지령과 청소년고입제한령을 폐지하고 새로운 법령을 제정], 근로봉사의 제도화" 등입니다. 이 가운데 '노무 재배치 및 직업전환'의 규정은 이후 일본 제국의 전역에서 실시된 전환배치의 근거이기도 합니다. 또한 1943년 1월 20일자 각의결정 '생산증강근로대책긴급요강'을 구체화한 1943년도 국민동원계획에는 노무공급원의 확충과 적정배치를 기하기 위한 여러 조치가 반영되어 있는데, 대표적인 사례가 '배치전환의 강제'입니다. 생산증강근로대책긴급요강은 제2항 국민근로의 중점적 배치 강화철저 및 제1절에 전환배치 강화와 관련한 방침을 명시했기 때문입니다.

또한 국민징용령 1차 개정 가운데 "군사상 특히 필요한 경우에는 전항前項의 규정에 구애받지 않고 명령이 정하는 바에 따라 요신고자 이외의 자를 징용할 수 있음"[제3조]과 "후생대신 전후의 규정에 의한 청구 또는 신청이 있는 경우에 필요하다고 인정될 때에는 피징용자를 사용하는 관아 또는 관리공장, 피징용자가 종사하는 총동원업무, 직업 또는 장소, 또는 징용의 기간을 변경할 수 있음"[제13조]등이 해당 조항입니다. 이러한 인력통제 및 운용에 관한 일본의 법적 근거에 의해 인력의 전환 배치가 가능했습니다.

▶ 조선인 전환배치의 사례 : 1943년 금광산 전환배치

전환배치는 모든 직종에서 볼 수 있습니다. 전환 배치된 사례의 특징은 공통적으로 동일한 직종의 작업장으로 전환 배치되었다는 점과 대부분의 전환 배치 작업장이 동일 계열 회사 소속이라는 점입니다. 또한 시기적으로는 1943년과 1944년에 집중되어 있는데, 이는 금광산 휴폐산조치[1943.3]를 비롯해 인력이동배치에 관한 각종 규정과 지시가 내려진 시기와 관련이 있다고 생각합니다. 금광산 휴폐산조치를 살펴보면 다음과 같습니다.

전국 주요금광산대표자들은 1942년 11월 30일 상공성이 발표한 '금광업조정령'에 의한 금광산의 보·휴·폐광과 '설비 및 노동력의 배치전환 등'에 관한 내시內示를 거쳐 12월 26일 정식으로 보·휴·폐광을 명령받습니다. 이어서 1943년 1월 각의결정 '금광업정비에 관한 건'에 의해 전국 금속광산에 내려진 '금광산정리에 따른 종업자배치전환 취급요령'에 의해 배치전환계획에 착수하게 되었습니다. 이 조치에 따른 4월 1일자 '금광업정비령' 실시에 따라 홋카이도 내 30개 금광산 중 4개 광산[보갱광산 2개소와 기타 2개소]를 제외한 금광산이 모두 문을 닫았습니다.

일본 당국의 금광업정비방침은 "특정중요광물의 급속증산에 대처하고 동, 구리, 아연, 수은, 철, 망간 등 중요광물의 생산을 확보하기 위해 … 금광업의 정리를 단행"한 정책이었습니다. 즉, 홋카이도에 집중된 광산노무자를 일본 본토로 전근시켜 군수물자 생산에 필요한 중요 광물을 얻고자 한 조치였습니다. 특히 전근 대상이 된 광산노무자들은 광물 채취에 필요한 기술을 축적한 경험자였으므로 광산 개발이 뒤늦은 일본 동북지역에서는 매우 필요한 존재였습니다. 금광산 조치를 통해 전환배치[전근]된 조선인은 1,430명[기슈광산 제외]입니다.

전환배치 적용 지역은 홋카이도北海道와 도치키, 시즈오카靜岡, 이바라키茨城, 에히메愛媛현, 효고兵庫 등 모든 광산이 해당되었습니다. 주로 홋카이도 광산 소속 노무자들이 도치키와 에히메, 나라奈良현으로, 시즈오카와 이바라키현 광산 소속 노무자들도 야마가타山形현 등지로 전근되었습니다. 도치키현 관내 광산 노무자들이 이바라키현으로, 오이타大分현 아사히旭금산 광부들이 미에三重현 기슈紀州광산으로 전출되기도 했습니다.

〈표〉일본 본토 광산 조선인 노무자의 '전환배치' 현황(단위 : 명)

'전환배치' 이전		'전환배치' 이후			직종	계열
지역	작업장	지역	작업장	인원	직종	계열
홋카이도	스미토모(住友)광업(주) 고노마이(鴻之舞)광업소	도치키	후루카와(古河)광업(주) 아시오(足尾) 동광산	371	광산	불일치
		아키타(秋田)	도와(同和)광업(주) 하나오카(花岡)광업소	389	광산	불일치
		에히메	스미토모(住友)광업(주) 벳시(別子)광산	244	광산	동일
		나라	미쓰이(三井)금속광업(주) 가나야후치(金屋淵)광산	50	광산	불일치
		홋카이도	스미토모(住友)광업(주) 폰베쓰(奔別)광산	115	탄광	동일
시즈오카	일본광업 가와즈(河津)광산	이바라키	니혼(日本)광업(주) 히타치(日立)광산	75	광산	동일
		도치키	니혼(日本)광업(주) 닛코,기도가사와(日光,木戸ケ澤)	77	광산	동일
		야마가타	니혼(日本)광업(주) 요시노(吉野)광산	4	광산	동일
시즈오카	일본광업 미네노사와(峰之澤)광산	이시카와(石川)	니혼(日本)광업(주) 오고야(尾小屋)광산	54	광산	동일
시즈오카	일본광업 미네노사와(峰之澤)광산	시즈오카	후루카와(古河)광업(주) 구네(久根)광산	29	광산	불일치
효고	일본광업 아사히(旭日)광산	이바라키	니혼(日本)광업(주) 히타치(日立)광산	20	광산	동일
도치키	일본광업 닛코(日光)광산	이바라키	니혼(日本)광업(주) 히타치(日立)광산	2	광산	동일
오이타	아사히(旭)금산	미에	기슈(紀州)광산	미확인	광산	불일치

이 가운데 가장 대규모로 조선인 전출이 이루어진 지역은 홋카이도입니다. 1941년 홋카이도 광산 중에서 조선인을 동원한 작업장 수는 15개소이고, 1942년 11개소, 1943년 22개소였는데, 전환배치 조치를 통해 1944년에는 4개소로 격감했습니다. 홋카이도

의 스미토모 고노마이광업소의 전근자가 가장 많았습니다.

▶ 조선인 전환배치의 사례 : 1944년 탄전 전환배치

현재 밝혀진 가장 대규모의 조선인 전환배치 사례는 남사할린과 홋카이도北海道구시로 탄전에서 일본본토로 전환배치입니다. 1944년 8월 11일 각의결정 '가라후토樺太 및 구시로釧路 탄광근로자, 자재 등의 급속전환에 관한 건'을 근거로 실시되었습니다. 남사할린과 홋카이도 구시로 탄전 소속 조선인 노무자들을 일본 규슈지역으로 전근 조치하는 내용입니다.

〈 '가라후토樺太 및 구시로釧路 탄광근로자, 자재 등의 급속전환 실시요강'의 주요 내용 〉

○ 휴·폐지, 보갱(생산보류) 탄광은 사할린 14개소, 구시로釧路 8개소
○ 전환대상자는 사할린 9,000명(반도노무자 3,000명), 구시로 6,000명 (반도노무자 3,000명)
○ 전환지역 : 사할린 → 후쿠시마, 이바라키, 규슈(이상 조선인 포함), 홋카이도(일본인)/ 구시로 → 규슈(조선인 포함), 후쿠시마, 이바라키(이상 일본인). 전환 배치지역에 대해서는 변동이 가능
○ 전출근로자는 여자를 제외한 전원(사무 및 기술직원 포함)으로 함
○ 휴·폐광, 보갱 탄광의 광업권·설비·자재는 樺太석탄주식회사樺太와 일본석탄주식회사釧路가 매수하며, 매수비를 포함한 감가상각비 등 소요비용은 정부가 보상함

남사할린과 구시로 탄광의 전환배치에서 일본 패전 이후까지 피해가 이어진 사례는 남사할린 전환배치입니다. 남사할린에 남겨둔 가족과 생이별하게 되었기 때문입니다.

남사할린에서 휴·폐광·생산보류가 되어 노무자가 전환된 탄광 13개소의 1943년 출탄량 3,021톤은 26개 탄광 전체 출탄량

4,838톤의 63%에 달하는 규모였습니다. 그럼에도 탄광을 폐지하거나 휴지休止하고, 탄광부를 일본 본토로 전근한 이유는 무엇일까요. 가장 큰 원인은 수송의 곤란으로 인해 발생하는 각종 문제입니다.

1940년부터 화태청은 화태에 가동 중인 탄광에 대해 세 가지 보조금을 지급해왔습니다. 보조금 지급과 석탄의 소비규제를 강화하는 일본 정부 차원의 정책[1941.8 중요산업단체령, 1942.4 석탄배급통제령]과 화태청 차원의 통제책[석탄배급통제규칙]에 힘입어 출탄량은 급증했습니다. 이 석탄을 일본으로 보내야 하는데 수송 곤란으로 저탄량이 증가하면서 문제는 심각해집니다.

선박문제는 일본이 전쟁을 수행하는데 매우 중요한 문제였는데, 이미 1941년 7월에 선박 부족현상을 겪게 되었습니다. 일본 정부는 1941년에 수립한 물자동원계획에서 선박수송력을 중시하고 배선계획 수립을 검토하기 시작했습니다. 그럼에도 남방전선이 확대된 1942년 후반부터 석탄 적취선의 배선配船이 급격하게 줄기 시작했습니다. 더구나 전쟁의 장기화로 선박이 부족하고 연합군 공격으로 수송선의 피해가 늘어나는 등 수송조건은 악화되었습니다.

당시 남사할린 대표적 탄전인 서안지역에서 일본 본토로 석탄을 수송하기 위한 항로는 두 가지였습니다. 하나는 홋카이도의 왓카나이稚內를 경유하는 항로이고, 다른 하나는 일본 본토에서 일본해를 통하는 직항로였습니다. 그런데 두 항로 모두 연합군의 공격을 피할 수 없었습니다.

탄광에서 탄을 캤으나 수송하지 못해 항구에 쌓아두어야 하는 상황이 계속되었습니다. 탄광과 항구에 저탄貯炭된 석탄에 대해 일본 정부는 탄광 기업을 위한 응급적인 매입가격보상금을 증액하고 저탄을 담보로 한 융자와 차입금의 이자 보급補給 등의 조치를 취했습니다. 이 조치로 정부의 재정 부담이 늘어나면서 배선이 불가능한 서안 지역 탄광의 정리는 불가피했습니다. 또한 저탄은 자연 발화의 위험도 있었으므로 시급히 조치를 취해야 할 상황이었습니다. 1943년 10월에 화태청은 본국정부에 "저탄 문제가 심각하므로 조급히 선박을 배정해달라"고 보고했지만, 전국戰局의 악화로 인해 선박에 대한 연합군의 공격이 심해지자 석탄수송선의 출항은 오히려 많은 희생이 잇달았습니다. 이후에도 배선 상황은 좋아지지 않고 도리어 악화되어 1944년 8월에는 북부 탄전[서안지역]의 배선 단절이라는 비상사태를 맞게 되었습니다. 이 비상사태가 바로 탄광부의 '전근'조치입니다.

1944년 8월 11일 각의 결정에 의해 화태에 가동 중이던 26개 탄광 중 서해안 탄전지구의 14개 탄광이 정리되고 인력 9천명[일본인 6천명, 조선인 3천명]과 생산자재가 일본 본토로 긴급 배치되었습니다.

화태청은 8월 19일에 해당 탄부에게 통보하고 25일에 출발했습니다. 보고서에는 징용령서徵用令書를 전달했다고 기재되어 있었으나 실제로는 그렇지 않았습니다. 해당 탄부에게 "사장이 식당에 모아놓고 일본으로 가기로 되었다"고 통보하거나, "사무실에서 명단에 이름이 있다"고 알려주었을 뿐입니다. 25일 출발일에도 경찰관이 수송선에 승선해 감시했으므로 탈출은 생각할 수도 없었습니다. 탄부들은 그저 "곧바로 가족을 일본에 데려다준다"는 약속을 믿고 심난한 마음으로 배를 타야 했습니다. 그리고 이날 헤어진 가족들의 대부분은 가족과 영원한 이별이 되어버렸습니다.

〈표 4〉 지역별 전환 배치 현황

전입 지역	입산탄광	탄광회사	전출탄광 및 계열 관련성	
			남사할린 탄광	계열 관련성
후쿠오카 (福岡)	후타세(二瀬)	니혼(日本)제철	안베쓰(安別)	◎
	야마노(山野)	미쓰이(三井)광산	니시사쿠탄(西柵丹)	◎
	샤카노(目尾)	후루카와(古河)광업	나요시(名好)	
	히라야마(平山)	메이지(明治)광업	하쿠쵸사와(白鳥澤)	
	가호(嘉穗)	니혼(日本)제철	가미도로(上塔路)	
	호코쿠(豊國)	메이지(明治)광업	도로(塔路)	
	다카마쓰(高松)	니혼(日本)탄업	다이헤이(大平)	
	미이케(三池)*	미쓰이(三井)광산	미확인	
	가쓰다(勝田)		가미도로(上塔路)	
	가미야마다(上山田)*		미확인	
	우에다(上田)	개인(上田長一) 소유	가미도로(上塔路)·산부쿠(三福)·모로쓰(諸津)	
후쿠시마 (福島)	오다(小田)	호죠(鳳城)탄광	고난(興南)	
이바라키 (茨城)	세키모토(關本)	세키모토(關本)탄광	도요하타(豊畑)	
	야마이치(山一)	야마이치(山一)탄광	도요하타(豊畑)	
	야마구치(山口)	야마구치(山口)탄광	산부쿠(三福)	
	구시카타(櫛形)	도호(東邦)탄광	모로쓰(諸津)	
나가사키 (長崎)	다카시마(高島)	미쓰비시(三菱)광업	기타코자와(北小澤)·도로(塔路)	◎
	사키토(崎戸)	미쓰비시(三菱)광업	도로(塔路)	◎
	오시마(大島)	오시마(大島)광업소	다이헤이(大平)	◎
	시카마치(鹿町)	니혼(日本)제철	안베쓰(安別)	◎

* 일본당국의 문서에는 조선인이 전입했다고 기록되어 있는 탄광이지만 전출탄광이 확인되지 않음

현재 파악된 전환배치 조선인수는 3,191명입니다. 전근 대상 조선인들 가운데 1,016명은 가족과 함께 살던 탄부들이었습니다.

1,016명이 사할린에 남긴 가족은 3천여명으로 추산됩니다. 일본 당국의 정책에 따라 고향에서 가족을 불러왔습니다.

이후 남사할린[화태]에 남은 가족들에게는 어떠한 일이 벌어졌을까요?

화태청 당국은 가장家長을 일본에 보낸 후 불안해하는 가족들에게 일본에 데려다주겠다거나 2년 후에는 남편이 돌아온다는 약속을 하며 달랬습니다. 그러나 일본에 보내준다는 약속은 지켜주지 않았고, 일본에 간 남편에게 생활비가 오지 않았으므로 산에서 열매를 채취해서 팔아서 생활하거나 심지어는 식량을 구해 일본 하시마탄광에 보내준 가족도 있었습니다.

가족들은 당국의 통제 아래 합숙생활을 하며 전쟁이 어찌되는지 불안한 상황 속에서 남편의 생사를 걱정하며 기다려야 했습니다. 그러나 전쟁이 끝날 때까지 가족들은 일본에 갈 수 없었습니다. 그러다가 해방은 되었으나 사할린에 남은 가족들은 조선으로 돌아갈 수도 없었습니다. 사할린의 한인 모두가 귀국이 금지되어 항구에서 되돌아와야만 했기 때문입니다. 그야말로 이러지도 저러지도 못하는 진퇴양난의 상황에 놓였습니다.

사할린에 가족들을 남겨두고 고향으로 돌아갈 수밖에 없었던 가장들도 고통스럽기는 마찬가지였습니다. 전쟁은 끝나고 조국은 해방이 되었으나 돌아갈 수 없는 사람들. 가족이 어디에 있는지 알면서도 만날 수 없는 사람들. 가족이 그리워서 생목숨을 끊어야 했던 사람들. 고향으로 갈 수도, 사할린으로 갈 수도 없어서 일본 땅에 남아 가족을 만나게 해달라고 파업을 해야 했던 사람들. 이것이 바로 '전환 배치'가 낳은 또 다른 고통과 비극입니다.

전쟁이 끝난 이후에 사할린에 남은 가족들은 어떠한 삶을 살게 되었을까요. 사할린에 남은 가족들이 겪은 '전환 배치'의 첫 번째 산물은 생활고였습니다. 가족과 헤어짐은 처절한 고통이었으나 전쟁이 끝나고 소련이 점령한 후 혼란한 사할린 사회에서 남편 없이 어린 자식들과 함께 살아남아야 하는 절박한 상황이었습니다. 남편과 헤어진 아내들이 언어도 통하지 않는 사할린 땅에서, 사회안전망이 전혀 마련되지 않은 시대에서 어린 자식들과 생존한다는 것은 큰 어려움이었습니다. 당시 사할린에서는 국적에 상관없이 젊은 여성이 남성들의 도움이 없이 살아간다는 것은 불가능했기 때문입니다. 먹을 것이 없어서 어린 딸이 둘이나 아사餓死하는 아픔을 겪은 여성도 있었습니다.

일본으로 전근 간 탄부들 가운데 단신자들은 곧바로 고향으로 돌아갔으나 사할린에 가족을 남겨 둔 조선인들은 가족 찾기에 나섰었습니다. 『레닌의 길』[1968년 1월 5일자]에 소개된 문영조[당시 61세]와 같이 해방 이후에 일본에 거주하다가 아들 문정현[당시 홈스크 제2호 제8년제 학교 교원]을 찾아 북한[조선민주주의인민공화국]을 거쳐 사할린으로 들어가 가족과 만난 극적인 사례도 있었습니다. 그러나 대부분은 사할린에 가족을 찾아가려 노력하다가 여의치않자 귀국을 했고, 극소수가 가족을 찾아 사할린으로 갔습니다. 가족과 헤어진 이들에게 남은 것은 '기약 없는 기다림'이었습니다. 일본의 '전환 배치'정책이 낳은 비극입니다.

〈정혜경〉

도움이 되는 글

樺太廳, 『樺太廳施政三十年史』, 1936

GHQ/SCAP Records RG331, National Archives and Records Service Box no. 382 Folder Title: "Repatriation of Koreans from Sakhalin" Date: Jan.1946-June 1949 Subject: Classification 140,213/ Type of record e.m.n.

守屋敬彦 編, 『戰時外國人强制連行關係史料集 － 朝鮮人2, 下』, 明石書店, 1991

국립민속박물관, 『러시아 사할린·연해주 한인동포의 생활문화』, 2001

長澤秀編,『樺太廳警察部文書 戰前朝鮮人關係警察資料集Ⅳ』, 綠蔭書房, 2006

안자코 유카, 「조선총독부의 총동원 체제(1937~1945)형성 정책」, 고려대학교 사학과 박사학위논문, 2006

정혜경, 『일본제국과 조선인노무자 공출』, 선인출판사, 2011

정혜경, 『지독한 이별』, 선인출판사, 2011

http://www.ndl.go.jp/horei_jp/kakugi/kakugi_main.htm

중요한 낱말 | ★

국가총동원법, 국민징용령, 노무긴급대책요강, 전환배치, 전근, 화태청, 남사할린, 규슈, 후쿠시마

일제 말기 강제동원피해자에게 적용된 우편저금제도는 내지통
상우편저금, 군사우편저금, 외지우편저금 등 모두 세 종류입니다.
이들 우편저금은 일본 본토는 물론 식민지와 점령지에 적용되었
습니다. 우편저금제도는 1874년에 내무성이 저금예금규칙을 만
든 후 1875년에 마에시마前島密가 이탈리아 우편제도를 바탕으로
도입했습니다. 마에시마는 우편제도를 도입하면서 우편업무와 함
께 환전爲替과 저금업무도 할 수 있도록 했습니다. 당시에는 저금
이나 저축이라는 개념이 없었으나 공무원 저축 보너스제도 등 여
러 조치를 통해 저축액을 늘려갔습니다. 처음에는 명칭이 '저금貯
金'이었으나 1880년에 '역체국저금驛遞局貯金'으로, 1887년 '우편저
금'으로 변경되었습니다. 청일전쟁을 일으킨 이후 '전비조달' 필요
성이 높아지면서 우편저금제도는 당초 우편저금제도 목적에서 변
화가 요구되었습니다. 그러나 이 시기 운영된 우편저금제도는 강
제저금이 아니었으나 일본이 전쟁을 일으킨 후 바뀌었습니다. 우
편저금제도는 조선에서도 1909년 통감부령에 이어 1911년 조선
총독부령으로 마련된 우편저금규칙(3.31일에 제정, 5.1일 시행)
에 의해 시행되었습니다.

強制貯蓄範圍擴大

インフレ防止策 藏相の意向

그림 107 1940년 2월 8일자 『경성일보』 기사

　물론 일제 말기에도 명목상으로는 우편저금을 포함한 모든 예·저금제도는 개인의 자의에 따라 적립하는 것으로 되어 있으나 일본당국의 정책에 따라 강제적으로 운영되었습니다. 조선에서 발간된 조선총독부 기관지 경성일보 기사에서도 확인할 수 있습니다. 1940년 2월 8일자 기사에 의하면 일본 대장성 대신이 취임 직후 "강제저축 범위를 확대하라"는 의향을 발표했다고 합니다.

　이 기사 외에도 경성일보와 매일신보에는 조선총독부 예산의 절반이 저축을 통해 해결하도록 예산을 배정했다는 기사가 실리기도 했습니다.

　당시에 당국은 이토록 강력하게 저축을 강요하고 조선 통치 예산의 절반을 저축액으로 채우려 했을까요?

　일본이 아시아태평양전쟁을 치르기 위해 마련한 총동원정책은 인적 · 물적 동원은 물론 자금동원도 포함되어 있습니다. 자금동원을 위해 일본은 1937년에 임시자금조정법[1937.9.15. 시행]을 제정하고 1939년부터는 자금통제정책을 운영했습니다. 자금통제계획은 자금수요계획 · 자금축적계획 · 공채계획 등 3개 요소입니다. 이 계획은 생산력확충계획산업 · 군수산업 · 수출산업의 확충 진흥에 필요한 산업소요자금을 원할 적정히 공급하고 만주 및 중국의 경제개발자금의 조달 확보 및 공채의 순조로운 소화를 목적으로 수립했습니다. 우편저금제도도 이러한 자금통제계획 중 자금축적계획의 하나로 운영된 것입니다.

자금축적계획에서는 자금축적목표액 달성을 위한 분담계획이 있는데, 여러 금융기관 · 유가증권투자 · 외지 등 세 기관이 담당하도록 되어 있었습니다. 이 세 기관 중에 '여러 금융기관'에는 은행예금, 은행 및 신탁적립금, 무진회사자금, 보험회사자금, 우편저금, 간이보험적립금 등이 있었습니다.

일본에서 마련된 이 제도는 조선에도 적용되었습니다. 임시자금조정법이 조선에서 시행[1937.10.14.]되었고, 조선 내 금융통제기관을 설립해서 통제했습니다.[1937.10. 조선자금자치조정단, 1938.12. 조선금융단]

〈 우편저금 종류 〉

구분	총괄기관	현 소재	비 고
내지 통상우편저금	㈜유초(郵貯)은행		
외지 우편저금	'독립행정법인 우편저금·간이생명보험 관리기구'	후쿠오카(福岡)저금사무센터 : 2003년 1월 이후 모든 외지우편저금과 군사우편저금	우편저금 원부가 없는 것에 대해서도 동 우편사무센터가 계수 관리를 하고 있음
군사 우편저금			

그림 108 각종 채권과 저금통장들[「재일한인역사자료관 도록 – 사진으로 보는 재일코리안 100년」 67쪽]

내지통상우편저금은 일본 본토[내지]에서 일본인 및 조선인이 적립한 우편저금입니다.

군사우편저금은 구 야전우편국 또는 구 해군군용우편소[약 400국]에서 군인과 군무원들이 적립하도록 한 우편저금제도입니다. 통장기호[예: 戰いよ 艦ろい 등]를 통해 소속부대 및 예금지역을 식별하도록 했습니다.

외지우편저금이란 구 외지外地, 즉 조선, 대만, 관동주, 사할린, 지시마千島, 남양, 오키나와 등지에 있던 우편국에 예금된 우편저금을 의미합니다. 통장기호[예: 台いよ 連ろい 등]를 통해 예금지역 및 예금취급국을 식별하도록 했습니다.

우편저금 원장原帳 목록은 있으나 전산화되지 않았으며 일본인도 포함되어 있고 국적별로 관리되지 않고 여러 국적이 섞여 있습니다. 현재 일본은 개인신용정보관리규정에 의해 우편저금 원장을 본인[또는 대리인]에게만 공개하며, 그 외의 방법으로 공개하지 않고 있습니다.

　일본은 패전 후 우편저금법[1947년 법률 제144호]과 군사우편저금 등 특별처리법[1954년 법률 제108호]을 제정해 관리하다가 여러 차례 제도를 개정했습니다.

　이들 우편저금에 적립한 적립금의 대부분은 일본 패전 후 공탁하지 않고 우정공사 내 계정으로 관리했으나 우정공사 민영화 사업에 따라, 통상우편저금은 '(주)유초郵貯은행'으로, 군사우편저금 및 외지우편저금은 '독립행정법인 우편저금·간이생명보험관리기구'로 이관했습니다. 강제동원 기업이 직접 관리하던 일부 우편저금은 공탁금 관련 문서에 포함되어 있기도 했습니다.

　일본정부는 우편저금의 채무에 대해 기본적으로 1965년 한일 청구권협정에 의해 "최종적으로 완전하게 해결되었다"는 입장을 보이며, 청구권 소멸을 주장하고 있습니다.

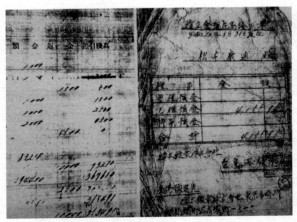

그림 109 사할린 화태광업(주)에 동원된 피해자의 우편저금 적립금 내역

그러나 일본 정부는, "사할린 잔류 한반도 출신자의 우편저금은 확정 채무로서 우편저금법상 지불의무가 있으므로 소련적 보유자 및 무국적자에게 이자를 계산하여 지불할 방침"을 표명한 바 있습니다. 1998.3 센고쿠 의원[이후 관방대신]의 사할린 피해자 우편저금 등에 관한 국회질의에 대해, 일본 정부는 "1997.3 현재 우편저금 59만 계좌 1억8700만 엔, 간이보험 22만 건 1억7000만 엔[모두 일본인 포함]의 사실과 '채무'의 존재를 인정하고, 원부原簿의 소재에 대해 '불명'[이후에는 사할린 현지에서 소각되었다고 주장]"이라는 입장을 밝힌 바 있습니다.

　　우편저금의 반환을 요구하는 일본인들에게는 평균적으로 원금의 5배를 지급했습니다.[2005년 기준] 대만인들이 적립한 우편저금에 대해서는 1995.10.2~2000.3.31 기간 동안 120배로 보상 지급했습니다. 120배는 1994.11월 기준으로 군인급여의 상승률을 계산한 것입니다.

　　우편저금 적립금에 대해 현재 한국에서는 국내 특별법 규정에 의해, 국무총리 소속 대일항쟁기 강제동원피해조사 및 국외강제동원희생자 등 지원위원회에서 자료를 제출한 신청인에 대해 우편저금 1엔당 2천배를 환산해 지급하고 있습니다.

　　2010.8.18 현재 일본 우정성 산하 우편저금 · 간이생명보험관리기구에 따르면, 전시 중 조선 · 대만 · 중국 · 사할린 · 남양군도 등 외지에서 피지배민들이 적립한 외지우편저금은 1,866만 계좌, 약 22억여 엔이고, 강제동원 군인 · 군무원[일본인 포함]이 적립한 군사우편저금은 70만 계좌, 약 21억여 엔, 합계 약 1,936만 계좌, 44억여 엔의 내역이 존재한다고 합니다. 이 가운데 군사우편저금

과 외지우편저금의 구체적인 내역을 살펴보면 다음과 같습니다.

[2009년 3월말 현재 저금 잔고]

저금종류		계좌 수 (만 건)	현재 재고 (백만 엔)	원본장부 유무
군사우편저금		70	2,152	O
외지우편저금	조　　선	1,439	1,581	X
	대　　만	241	124	X
	관동주(중국)	89	221	X
	사 할 린 쿠 릴 열 도	59	190	X(일부는 O)
	남양제도(*1)	11	36	O
	오키나와(*2)	27	113	O
	합계	1,866	2,265	–
총합계		1,936	4,417	–

* :1 南洋群島 · 小笠原諸島 · 硫黃列島를 가리킴.
　2 硫黃鳥島 · 伊平屋島 · 북위27도 이남의 南西諸島(大東諸島 포함)를 가리킴.
　3 명의가 일본명으로 되어 있어 외지우편저금에 관해서는 원부原簿가 거의 없으므로 일본인과 그 이외의 국적을 가진 사람을 구별하기 곤란
　4 외지우편저금 계좌 수, 현재 잔고는 회계처리상의 계수計數에 의한 추계推計

〈정혜경〉

도움이 되는 글

경성일보
안자코 유카, 「조선총독부의 총동원체제(1937~1945)형성 정책」, 고려대학교 대학원 사학과 박사학위논문, 2006
田中 光, 「明治期郵便貯金制度の歷史的展開」, ISS Discussion Paper Series J-170, 2008

중요한 낱말 | ★

우편저금, 내지통상우편저금, 외지우편저금, 군사우편저금

후생연금제도는 일본이 근대국민국가 수립 직후 마련한 노동자에 대한 부조제도 중 하나입니다. 한국의 국민연금제도와 건강보험제도를 혼합한 형태입니다. 노동자를 대상으로 한 일본의 부조제도는 1873년[각 료료寮에 고용 사용하는 직공職工 및 역부役夫의 사상진휼死傷賑恤규칙]부터 마련되었으나 노동자건강보험제도를 연계한 것은 1922년에 제정한 건강보험법이고, 노동자연금제도를 연계한 것은 1941년에 마련한 노동자연금보험법입니다. 후생연금보험의 전신이라 할 수 있습니다.

당초 일본의 노동자부조 및 연금보험제도는 일본이 산업사회로 접어들면서 경제시스템을 운용하기 위한 필요성에서 성립·시행되었습니다. 이들 제도는 노동자에 대한 인도주의적인 입장이나 분배정책을 시행하기 위함이 아니라 노동생산성을 높이고 전시에는 자본을 전비로 활용하고자 하는데 목적을 두었습니다.

건강보험법 시행 이후 피보험자가 확충되면서 제도는 여러 차례 변경되었습니다. 특히 중일전쟁 이후에는 전시체제 확립 필요성에 따라 일반노동자를 대상으로 하는 연금보험제도[공무원 연금제도에 해당하는 노후생활보장]가 만들어졌습니다. 이 제도가 노동자연금보험법입니다. 그러나 노동자연금보험법 적용 범위에는 여성이 포함되지 않았습니다. 일제 말기에 여성의 노동력을 적극적으로 활용해야 했던 상황에서는 개정이 필요했습니다.

법 이름	주요 내용
건강보험법	– 법률 제70호. 1922년 4월 22일 공포, 1927년 1월 시행 – 공장법이나 광업법의 적용을 받는 공장이나 사업장의 상시노동자를 강제적 피보험자로 하고, '질병' '부상' '사망' '분만'을 보험사고로 하여 '요양비' '질병수당금' '매장료' '분만비 또는 출산수당금'의 보험급부를 하게 한 제도
노동자연금보험법	– 법률 제60호. 1941년 3월 11일 공포, 1942년 1월 1일 시행 – 적용범위 : 강제피보험자(10인 이상의 노동자를 사용하는 사업소의 남자노동자), 임의피보험자, 임의계속피보험자 – '노령' '질병(장해)' '탈퇴' 등을 보험사고로 설정하여 '양로연금' '장해연금, 수당금' '탈퇴수당금'을 보험급부로 하는 제도 – 당시 조선에서 강제동원된 조선인노무자의 직장은 중요시국산업의 사업소였으므로, 강제적 가입이 이루어졌을 것으로 판단
후생연금보험법[노동자연금보험법 개정]	– 1944년 2월 16일 법률 21호로 공포, 6월 1일부터 시행 – 개정 내용 : 명칭을 후생연금보험으로 개칭 – 피보험자의 범위 : 5인 이상 사업소 종업원, 여성, 사무직원으로 확대 – 탈퇴 수당금의 급부를 보험가입기간이 3년 미만이더라도 징용·응소·혼인·징용해제·집단이입조선인노무자의 계약기간 만료나 여자근로정신대원의 기간 만료에 의한 자격상실의 경우도 인정 * 이 근거로 인해 강제동원된 조선인노무자 가입 – 보험료율은 임금의 11.0%이며 급여에서 원천 공제 *응소자와 입영자는 면제

후생연금보험제도는 일본의 전쟁이 패색이 짙어진 1944년에 노동자연금보험법 개정을 통해 탄생했습니다. 1944년 1월 제84회 제국의회에서 '노동자연금보험법중개정법률안'이 제안된 후 2월에 제정되었습니다. 노동자연금보험법을 개정하게 된 배경은 "징용기간 2년의 조선인 징용공과 계약기간 2년의 조선인 이입노무자의 처우문제 해결의 필요성"이 제기되었고, 여성의 직장 대량 진출로 인해 여성노동자를 적용대상으로 확대할 필요성이 높아졌으며, 기존의 법에서 적용한 최저 3년 가입기간의 적용이라는 규정을 삭제할 필요성이 있었기 때문입니다. 또한 사회주의적인 '노동자'라는 명칭을 삭제하겠다는 의도도 있었습니다. 그러나 가장 큰 법 개정 목적은 동원된 노무자들에게 각종 보험급부를 제공한다는 당근을 내 세워 연금납입금을 전비에 활용하고, 생산성을 높이려는 것

이었습니다.

'노동자연금보험법' 개정으로 인해 후생연금보험 가입자수는 844만명이며, 적용사업소는 13만건에 달했습니다. 1945년 8월까지 일본의 피징용자수[일본인 포함]는 616만명이므로, 844만명이 가입을 했다고 상정하면, 당시 일본에 거주하던 모든 조선인 강제동원 피해자는 가입했다고 생각할 수 있습니다.

그림 110 후생연금보험 피보험자증[대일항쟁기위원회, 「조각난 기억」]

일본은 패전 이후 후생성 고시 88호[1945년 8월 30일자]를 통해 "전쟁 종결로 인해 사업소가 폐지되고 축소되어 퇴직하는 경우", 탈퇴수당금을 지급했습니다. 또한 1945년 9월 1일자 통달[후생성 근로국장, 건민국장, 내무성 관리국장, 경보국장이 각 지방장관에게 보낸 공문, '조선인집단이주노동자등의 긴급조치에 관한 건]을 통해 후생연금보험 처리 방안을 하달했습니다. 통달에는 "잔금은 각자 본인명의의 예금으로 하여 사업주에게 보관하여 둘 것. 저금은 반드시 본인에게 건넨다는 취지를 철저히 주지시킬 것."이 명시되었습니다.

그러나 막상 보험금을 낸 조선인들 가운데 자신이 보험에 가입했는지 아는 경우는 드물었습니다. 가입여부를 설명해주지도 않았고 보험자증을 당사자에게 준 경우도 드물었으며 보험료는 급여에서 원천 공제했기 때문입니다. 그러므로 보험에 가입했는지 여부도 모른 채 귀국한 조선인들은 보험탈퇴수당금을 받지 못했습니다. 이들은 수십 년이 지나도 후생연금보험 따위는 모른 채 지냈습니다.

다만 일본에 남아서 재일동포가 된 한인이나 일본인들은 탈퇴수당금을 신청해서 지급받을 수 있었습니다. 1973년 9월 후생연금보험법 개정이 공포되어 이후부터는 물가향상제도가 실시되고 있습니다. 물가향상제도란 납입금액 그대로 지급하는 것이 아니라 물가향상정도를 고려해 상향 지급하는 것입니다.

1988년 1월 19일, 재일본조선총연합회 후쿠오카福岡현 본부의 생활상담소가 최*현[아이다 탄광에 동원]의 후생연금에 대해 노가타 사회보험사무소에 문의한 결과, 3월 14일에 생활상담소를 통해 연금보험비용 114만엔[일본 물가 향상률을 고려한 금액]을 반환받았습니다. 이후 후쿠오카현 생활상담소 주관으로 22명의 재일동포들이 반환청구를 통해 총 1618만 8천엔[1인당 평균 73만 6천엔]의 연금을 지급받았습니다.

또한 1992년 1월, 김*일이 관할 사회보험사무소에 아이오細生시 하리마播磨조선소에 근무했던 부친 김*조에 관한 피보험자기간을 조회한 결과 부친이 1942년 6월 1일부터 1946년 4월 9일까지 46개월간 후생연금에 가입되어 있었고, 46개월간에 대한 탈퇴수당금[매월 10엔]이 지급되었다는 내용을 알게 되었습니다. 이 같이 일본에 거주하는 재일동포들은 일본인과 마찬가지로 후생연금 탈퇴수당을 지급받았습니다. 더구나 후생연금제도는 이후 변경된

연금제도로 계승되었으므로 계속 직장에 다니던 일본인들은 새로운 연금제도의 적용 대상자가 되었습니다.

그러나 한국으로 돌아간 한국인들에게 '후생연금'이란 생소한 단어였습니다. 그러다가 2009년 12월말에 한국 주요 신문 1면을 장식하게 됩니다. 그 이유는 무엇일까요. 일제말기에 여자근로정신대로 동원되었던 소녀들이 후생연금 가입 여부 확인을 요청하고, 일본이 탈퇴수당금을 납입 당시 금액 그대로 지불한 것이 알려진 때문입니다. 가장 대표적인 사례는 여자근로정신대로 미쓰비시三菱중공업에 동원되었던 양금덕 할머니의 일명 '99엔 사건'이라고도 하는데요. 2009년 12월, 양금덕 할머니가 요청한 후생연금수당에 대해 일본정부[사회보험청 연금보험과]는 99엔의 후생연금탈퇴수당금을 송금했습니다. 99엔은 현재 일본에서 물 한 병, 껌 한통도 살 수 없는 돈입니다. 일본인이나 재일동포에게 적용한 물가향상제도를 적용하지 않고 납입금액 그대로 지급했다는 주장입니다. 그러나 사회보험청은 양금덕 할머니의 연금가입기록은 확인하지 못해서 근무기간을 가입체계에 산정해 99엔으로 결정했다고 했습니다. 연금에 가입하지도 않았는데, 탈퇴수당금을 지급하는 근거는 무엇일까요? 이해할 수 없는 일이었습니다.

현재 이 명부는 사회보험사무소[사회보험업무센터]를 통해 조회하면, '이름, 소속, 작업장, 작업기간 등'을 회신해주고 있습니다. 그러나 일본어로 작성해야 하고 인적사항이 일치해야 하는 등 개인이 조회를 신청하기는 어려움이 있어서 대일항쟁기위원회가 피해조사 신고자에 대해서는 조회를 요청하고 있습니다.

〈정혜경〉

도움이 되는 글

後藤淸・近藤文二,『勞働者年金保險法論』, 東洋書館, 1942
保險院保險社會局,『勞働者災害扶助責任保險事業沿革史』, 1942
金英達,『金英達著作集2-朝鮮人强制連行の硏究』, 明石書房, 2003
연합뉴스 2009년 12월 23일자
아사히신문 2009년 12월 23일자
정혜경,『일본제국과 조선인노무자 공출』, 선인출판사, 2011

중요한 낱말 | ★

노동자연금, 건강보험법, 후생연금보험, 조선여자근로정신대

「군수회사법」은 법 제1조에서 보면 "본 법은 병기·항공기·함선 등 중요 군수품, 기타 군수물자의 생산·가공·수리를 하는 사업, 기타 군수 충족 상 필요한 사업에 그 경영의 본의를 명확하게 하고, 그 운용을 강력하게 함으로써 전력증강을 꾀하고자 함"을 목적으로 1943.10.28, 법률 제108호로 제정되었습니다 [1943.12.15. 시행]. 한마디로 표현하자면 일본정부와 군이 생산증강을 요구하는 군수물자에 대해 그 생산에 차질이 없도록 국가가 직접 이를 통제, 관리하기 위하여 만들어진 법률이라고 할 수 있습니다.

일제는 1943년 2월 과달카날 섬 전투에서 패퇴하고 라바울 항공전에서도 참패하는 등 많은 전력을 상실하게 됩니다. 이 과정에서 항공기와 전투요원들을 잃게 되며, 그 손실을 보충하기 위한 항공기 증산의 요구가 크게 대두됩니다. 이에 일제는 전쟁 수행을 위해 그간 실시해오던 통제경제 시스템으로는 긴급한 군수물자 확보에 충실할 수 없다고

보고, 국가가 생산에 개입하여 관리, 통제하는 더욱 강력한 시스템을 낳게 된 것입니다.

이리하여 제정된

그림 111 아시아태평양전쟁 당시 일본해군 함재기 '제로센(戰)'

「군수회사법」은 기업의 국가성, 생산책임체제 확립, 행정운영의 쇄신을 근간으로 하였습니다.

기업은 본디 영리를 목적으로 합니다. 그런데 전시경제통제가 이를 방해하게 되면 생산증강이 원만하게 달성되지 않습니다. 그리하여 '군수회사'로 지정된 회사에 대해 '국가성'을 명확하게 요구하여 경영방침이나 인사에 정부가 직접적이고 강력하게 개입하는 한편, 각종 통제규정의 면제와 특례를 마련하여 이윤을 보증하였습니다.

「군수회사법」제4조에서 '생산책임자'를 선정하도록 하여 국가책무인 군수생산의 책임 소재를 명확히 하고, 아울러 생산수행의 전권을 부여하고 있습니다. '생산책임자'는 '생산담당자'를 임명·배치하여(대개 공장장을 임명), 생산에 종사하게 하였습니다.

그러나 생산을 담당하는 현장에서는 각종 규제로 인하여 진행이 더딜 수가 있습니다. 이런 경우에는 군수감리관을 현장에 파견, 생산현장에서 불거진 문제를 타개하도록 마련하였습니다. 즉, 「군수회사법」 제15조에 "칙령에 따라 통제·단속에 관한 법률 규정의 의거 그 적용을 배제 또는 특례를 마련"할 수 있게 하여, 감독관청의 인허가 없이도 '현장즉결'로 문제를 해결하도록 조치하는 등 행정운영을 획기적으로 쇄신하였던 것입니다.

「군수회사법」은 기업의 '국가성'과 더불어 '근로의 국가성'도 부여하였다는 점이 특이합니다. 다시 말해서, 동법 제6조에 의하여 '생산책임자'와 '생산담당자' 뿐만아니라, 그 기업에 종사하는 모든 종업원-임원, 직원, 기술자, 노무자-을 「국가총동원법」에 의해 징용한 것으로 간주하였습니다. 공장 사업장이 「군수회사법」 지정에 의한 '군수회사'가 됨과 동시에 공장사업장이 송두리째 '징용'되는 것입니다. 이를 '현원징용'이라고 합니다. 그리고 '징용'으로 간주되는 사람에게는 '징용고지서'가 발부되었습니다. 특이한 것은 「국민징용령」에 의한 '징용'의 경우에는, '징용령서'에 '징용'기간을 명시하도록 되어 있습니다[제8조 제4호 규정]만, 이 '징용고지서'에는 '징용' 기간이 없습니다.

「군수회사법」에 의해 지정된 '군수회사'는 1944.1.17. 제1차 지정 시 총 149개 사에 이르렀습니다. 여기에는 강제동원 피해자의 소송이 진행중인 미쓰비시三菱, 후지코시不二越 등과 미쓰이三井, 스미토모住友, 히타치日立, 후루카와古河 등 대기업들이 총망라되어 있습니다.

이어서 1944.4.25.에 제2차 지정으로 총 424개 사가 지정되었고, 동년 12월 제3차 지정에서 총 109개 사가 지정되었습니다. 이듬해인 1945년에 6개 사가 추가되어 결국 총 688개 사가 '군수회사'로 지정됩니다. 이와는 별도로 식민지 조선과 대만에도 97개 사가 '군수회사'로 지정되었다고 합니다. 생산증강을 위하여 이들 회사에게 물자 · 자금 · 노동력이 최우선적으로 집중 배치된 것은 말할 나위 없습니다.

〈허광무〉

도움이 되는 글

일제강점하강제동원피해진상규명위원회, 『전시기(전시기) 「군수회사법」에 의한 노무동원 기초연구』2008년 연구용역 보고서
김인호, 「일제말 조선에서의 『군수회사법』 실시에 관한 연구」, 『한국근현대사연구』제9집, 1998년

중요한 낱말 ┃ ★

군수회사, 현원징용, 징용고지서

찾아보기